LOOPS

O CICLO DO SUCESSO DAS PEQUENAS EMPRESAS

Prezado leitor,

Queremos saber sua opinião sobre nossos livros. Após a leitura, acesse nosso site (www.editoragente.com.br), cadastre-se e contribua com sugestões, críticas e elogios.

Boa leitura!

Mike Chaet, PhD
& Stephen C. Lundin, PhD

LOOPS

O CICLO DO SUCESSO DAS PEQUENAS EMPRESAS

Tradução de
Sally Tilelli

Gente editora

GERENTE EDITORIAL
Alessandra J. Gelman Ruiz

EDITORA DE PRODUÇÃO EDITORIAL
Rosângela de Araujo Pinheiro Barbosa

CONTROLE DE PRODUÇÃO
Elaine Cristina Ferreira de Lima

PRODUÇÃO EDITORIAL
Sieben Gruppe Serviços Editoriais

PROJETO GRÁFICO E DIAGRAMAÇÃO
Cissa Tilelli Holzschuh

TRADUÇÃO
Sally Tilelli

PREPARAÇÃO DE TEXTO
Renata Sangeon

REVISÃO
Simone Zac

CAPA
Julio Moreira

IMPRESSÃO
Assahí Gráfica

Rua Pedro Soares de Almeida, 114
São Paulo, SP - CEP 05029-030
Tel: (11) 3670-2500
Site: http://www.editoragente.com.br
E-mail: gente@editoragente.com.br

Dados Internacionais de Catalogação na Publicação (CIP)
(Câmara Brasileira do Livro, SP, Brasil)

Chaet, Mike
Loops: O ciclo do sucesso das pequenas empresas / Mike Chaet e Stephen C. Lundin; tradução de Sally Tilelli . -- São Paulo: Editora Gente, 2011.

Título original: Loops
ISBN 978-85-7312-750-8
1. Empreendedorismo 2. Pequenas empresas - Administração 3. Sucesso em negócios I. Lundin, Stephen C.. II. Moravek, Vince. III. Chaet, Mary. IV. Título.

11-07087 CDD-658.022

Índices para catálogo sistemático:
1. Pequenas empresas : Ciclo de sucesso :
Administração 658.022

Mike e eu testemunhamos a enorme coragem demonstrada por alguns de nossos amigos e familiares: Sandy Griswold e Janet Hay tiveram a forma mais letal de leucemia, e Bill McClusky, Augie Nieto, Bruce Thompson e Al Dykehouse, já no início da vida desenvolveram esclerose lateral amiotrófica (ELA), uma doença degenerativa dos neurônios motores que é incurável. Esta obra é dedicada a eles, e uma parte da receita obtida e de nossa energia também será direcionada àqueles que trabalham com o objetivo de encontrar a cura para esta doença que ainda não conta com um grupo de estudos.

AGRADECIMENTOS

De Steve:

Gostaria de agradecer à minha esposa, e melhor amiga, Janell, pois sua sabedoria e serenidade sempre acolheram inúmeras pessoas, incluindo nossos seis filhos, dez netos e um bisneto.

De Mike:

Quando pensei em escrever meus agradecimentos, imediatamente percebi quantas pessoas são necessárias para que um livro ganhe vida. É com grande humildade que me atrevo a tentar agradecer a todos que participaram deste projeto. Antes de nomear alguns desses indivíduos, gostaria de me desculpar com aqueles não mencionados, mas que tiveram influência significativa em minha vida pessoal e profissional e, portanto, nesta obra.

Gostaria primeiramente de agradecer à equipe da McGraw-Hill, que participou deste projeto e deu vida a este livro; a Ed Chupak, pelo direcionamento e liderança; a Daina Penikas, por sua paciência; a Malvina D'Alterio, que fez um belíssimo trabalho na arte da capa;, a Jim Madru, por sua habilidade artística; a Maureen Harper, Heather Cooper e, finalmente, a Herb Schaffner, os primeiros a acreditar nesse sonho.

Quero agradecer também aos meus amigos e mentores que tanto me ensinaram: Duke Llewellyn, Stephen Covey, Mark Davis, Dennis Dallas, Alan Glick, Gloria Lambertz, George e Barbara Chaet, Patch, John McCarthy, Augie, Mike van Diest e a todos os meus alunos em Carroll College. Gostaria de agradecer também ao doutor Kim, por ter me apresentado ao meu parceiro e coautor deste livro, Stephen Lundin, já que, sem ele, esta obra jamais teria sido escrita.

Finalmente, devo agradecer à minha esposa, Mary, pelo amor, apoio e também por suas contribuições para este livro – ela é a essência de *Loops*. Não poderia me esquecer de nossos filhos em Montana, que fazem tudo isso valer a pena. A todos vocês, um obrigado sincero e caloroso.

SUMÁRIO

INTRODUÇÃO

Faz um século que eu e Mike fazemos negócios juntos, e isso inclui até uma banquinha para vender limonada. Já fomos funcionários de empresas e dirigimos nossos próprios empreendimentos, investimos em negócios e enterramos sonhos, ensinamos administração em universidades e gerenciamos cursos na área, elaboramos centenas de planos de negócios para terceiros, ministramos inúmeros seminários e também participamos de tantos outros, escrevemos e lemos vários livros e artigos sobre o assunto e fizemos, inclusive, filmes sobre o tema. Somos, portanto, uma dupla de empreendedores e simplesmente amamos o mundo dos negócios. Embora experiência não seja garantia de sabedoria, temos a primeira de sobra: a experiência do mundo real. Quanto à sabedoria, caberá ao leitor decidir se a possuímos ou não.

A administração sempre permeou nossa vida. Sempre que levávamos nossos filhos para suas atividades extracurriculares, tínhamos a oportunidade de observar inúmeras empresas ostentando logotipos mundialmente conhecidos. Ao longo das vias públicas elas apareciam lado a lado com vários outros empreeendimentos de menor porte. Na ocasião, fazíamos questão de dizer aos nossos filhos que aquelas companhias não haviam alcançado reconhecimento por acaso, já que todas, no passado, haviam iniciado a partir de ideias surgidas da mente de seus idealizadores e somente se fortaleceram com muito trabalho e esforço. Enfatizávamos que nem todas as boas ideias transformavam-se em negócios bem-sucedidos, mas que aquelas que haviam realmente superado suas dificuldades eram as mesmas que ocupavam as margens das avenidas. Será que já mencionei que amamos o mundo dos pequenos negócios?

Com o tempo, observamos um fato interessante sobre o universo empresarial: grande parte da literatura sobre negócios e administração se concentra nos grandes empreendimentos, como as 5.000 maiores empresas globais. Considerando que Mike e eu possuímos pequenos empreendimentos, perceber essa realidade não foi complicado. Certamente, empresas multinacionais como a Disney, a Mercedes, a Boeing e a Sony proporcionam interesse bem maior aos leitores de revistas semanais de negócios que a Churrascaria do Roberto, o Escritório de Contabilidade Silva & Silva ou o Açougue do João. Sempre que um grande palestrante da área de negócios ministra seus seminários, os exemplos oferecidos aos participantes são de grandes empresas que operam em âmbito mundial.

Contudo, além de acreditarmos que os pequenos negócios sejam mais interessantes, também os consideramos mais compreensíveis aos leitores. É difícil para um leigo entender por que um banco norte-americano tradicional, com mais de setenta anos de história e uma sólida reputação, desapareceu do mercado na crise 2008 levando consigo, aliás, parte de meus próprios investimentos. Para compreender o que realmente aconteceu com esses bancos, seria necessário ter domínio de instrumentos financeiros complexos, algo que aparentemente nem seus próprios executivos detinham. O encerramento das atividades do Açougue do João, em contrapartida, é muito mais compreensível; portanto, é provável que as pessoas em geral se identifiquem bem mais com o próprio João que com algum grande CEO de uma multinacional.

Outro detalhe importante que observamos foi que a maioria dos empregos — principalmente os novos — é gerada por pequenos empreendimentos. Desse modo, torna-se claro que o maior segmento do mundo dos negócios é justamente aquele que recebe menor atenção. Vale lembrar que todos os grandes empreendimentos começaram como pequenos negócios e, portanto, todas as companhias têm algo em comum.

Se sua empresa possui uma receita que ultrapassa a casa dos bilhões de reais, certamente este livro não é para você. Se você gerencia uma empresa com algumas centenas de funcionários, pode ser que encontre, neste livro, algumas informações que os cursos de extensão em programas de treinamento corporativo não ensinem. Contudo, se seu empreendimento é pequeno — com receita anual inferior a 50 milhões de reais – e seus recursos para treinamento e programas de desenvolvimento são limitados em comparação aos de grandes corporações, este é o livro ideal para você.

Nossa história se desenvolve no contexto de um pequeno negócio familiar — uma academia de ginástica. Mike desenvolveu uma pequena consultoria para esse negócio em particular, cujo caráter é global. Eu, em contrapartida, tornei-me um assíduo frequentador de academias e, portanto, posso lhes dizer que ambos conhecemos bem o assunto. Entre todos os aspectos importantes desse tipo de negócio estão a liderança, a motivação, a ética, a capacidade de gerenciamento, o serviço de atendimento ao cliente, o marketing, a manutenção, o setor de compras, o financeiro, o de operações, os recursos humanos, o gerenciamento da marca, o setor de vendas e o recrutamento. Portanto, para que seja possível alcançar sucesso nessa área, é importante que se tenha amplo conhecimento administrativo. É por essa razão que escolhemos a academia de ginástica como o cenário-modelo para explorarmos neste livro.

O passo a passo dos pequenos negócios: as sete chaves para o sucesso

Depois de acompanhar cada capítulo e ponderar sobre os pontos que acompanham cada um deles, você estará pronto para o "trabalho pesado": a aplicação prática. Ao final de capa capítulo, há duas seções, para você usar com seu próprio negócio: "Acompanhamento de trabalho e discussões" e "Perguntas sobre seu negócio". Talvez você queira desenvolver seu próprio método, mas, caso prefira, listamos abaixo o protocolo considerado útil por nossos clientes:

1. Convoque uma reunião para desenvolver o passo a passo dos processos de trabalho em sua empresa; convide as pessoas de acordo com sua preferência.
2. Escolha uma das sete chaves essenciais e leia sua introdução.
3. Discuta brevemente os passos apresentados neste livro enfatizando seus principais aspectos.
4. Examine os tópicos para discussão, investindo entre dez e quinze minutos em cada um deles.
5. Desenvolva um plano de ações a partir de "Perguntas sobre seu negócio".
6. Identifique os responsáveis pelas ações a serem implementadas e as sequências a serem completadas e exponha as metas deles.
7. Revise os resultados no início da reunião seguinte.
8. Continue com o processo enquanto for necessário.

Parabéns! Você agora está trabalhando de maneira sistematizada.

PARTE 1
O início da jornada

Da mesma maneira que todos os empreendimentos começam pequenos, todos os líderes de negócios iniciam a carreira como estudantes. Jamais devemos perder o interesse pela surpresa, pela descoberta e pela aventura que ostentávamos quando éramos ainda jovens aprendizes.

O último dia de aula

Antonio Araújo estava impaciente enquanto o professor Oliveira esforçava-se para terminar seu trabalho. Aquele era o último dia de aula do ano letivo e restavam apenas os exames finais pela frente. Depois das provas, os alunos teriam três meses para fazer tudo que não incluísse aulas, livros e trabalhos acadêmicos e testes. Os graduandos do curso de Empreendedorismo já estavam prontos para escapar, mas o professor Oliveira tentava ainda sumarizar os pontos mais importantes estudados durante o semestre.

Mal sabiam aqueles jovens o que os aguardava no exame final. Seria algo que certamente os deixaria boquiabertos;

algo jamais visto anteriormente. O professor tentava imaginar como seus alunos receberiam a novidade.

Aquela última aula não corria bem; os alunos pareciam preocupados e absortos. Talvez estivessem pensando no emprego que conseguiriam para as férias ou até mesmo naquele enorme tempo livre que teriam daí em diante, afinal, sendo alunos de Empreendedorismo, certamente prefeririam agir a permanecer sentados em uma sala de aula.

Antonio parecia contemplar uma questão antiga. Estava terminando seu terceiro ano na universidade e prestes a obter o diploma em Administração. Durante todo esse tempo, ele sempre se perguntou o que estava fazendo na faculdade em vez de investir todo seu tempo nos negócios da família. Agora, no último dia de aula, aqueles pensamentos novamente o assombravam.

Sua mãe o relembrava com frequência de que aquele havia sido um desejo de seu pai – seu filho seria o primeiro na família a alcançar formação universitária. Mas ali estava ele, um bom aluno cujo desejo era estar em qualquer outro lugar. Embora se recordasse de ter prometido que, independentemente de sua preferência, aproveitaria todo seu tempo na faculdade, sua mente não lhe obedecia e devaneava.

Será que era isso mesmo o que papai desejava? Acredito que mamãe seja plenamente capaz de gerenciar a empresa. Ela tem sido bem-sucedida desde a morte de papai e, mesmo antes do acidente que o vitimou, já havia sido sua sócia. No entanto, sei que poderia ser mais útil estando ao seu lado. Não tenho certeza de que papai pensou nisso. Será que ele previu que ela seria capaz de duplicar o tamanho do empreendimento? Eu poderia trabalhar em período integral e estudar à noite. Gosto de aprender, mas ainda acho que deveria ajudar mamãe.

O ruído do giz sobre a lousa trouxe Antonio de volta à realidade, e, naquele momento, o jovem leu o que o professor Oliveira havia escrito:

O cliente sempre está certo.

E, voltando-se para os alunos, disse:

— O mundo dos negócios está repleto de máximas. Essa é, provavelmente, a mais comum de todas. "O cliente sempre está certo." Contudo, no curso de Administração tentamos ir além do óbvio e questionar a aplicabilidade desse conceito. Será que ele realmente está correto?

Alguns alunos imediatamente levantaram as mãos.

— Antonio Araújo! — exclamou o professor.

Antonio não se surpreendeu quando o professor o escolheu para dar uma resposta aparentemente óbvia; afinal, o mestre sabia que aquele aluno em particular estava encontrando dificuldades em se decidir sobre o tema de seu trabalho de conclusão de curso (TCC). Existia, contudo, outra questão: o professor foi amigo particular do pai de Antonio, com quem costumava viajar todos os anos para pescar. Não fosse por sua esposa, Beth, ter ficado doente na véspera da viagem, ele certamente teria morrido naquela noite fatídica três anos atrás. Antonio lembrava-se claramente da última conversa entre os amigos, em que seu pai dissera: "Sempre haverá o próximo ano, Roberto! Cuide de Beth."

— Sim — respondeu Antonio, depois de uma breve pausa. Então continuou: — E, ao mesmo tempo, não. Pois mesmo que o cliente esteja errado não nos beneficiaremos com isso, então, ele sempre estará certo — a resposta fez com que todos rissem da retórica perspicaz.

— Uma resposta clara, concisa e bem-humorada, como sempre, Antonio — disse o professor. — Que tal irmos um pouco além? O que aconteceria, por exemplo, se todos soubessem perfeitamente que o cliente está errado?

Por um momento, Antonio lembrou-se das diversas vezes que seus pais tiveram de lidar com clientes difíceis na academia. Então, prosseguiu:

— Não é que o cliente sempre esteja certo. Apenas nos predispomos a aceitar que ele esteja. Aliás, é com essa disposição que todos os homens de negócio se aproximam de cada cliente; portanto, mesmo que um cliente esteja realmente errado, ainda assim tentaremos fazer parecer que está certo. Há, apesar disso, uma importante exceção. O cliente não terá razão se estiver agindo de maneira abusiva, grosseira ou ofensiva com os funcionários ou até mesmo com outros consumidores. Isso se aplica mesmo que esteja certo em sua reclamação. Podemos perfeitamente viver sem fregueses abusivos e cruéis, pois nossos empregados são, na verdade, nossos primeiros e mais importantes clientes.

— Você fala como alguém que já enfrentou esse tipo de situação — comentou o professor. Então, voltando-se para o resto da classe, continuou: O que acham que Antonio quis dizer com "nossos empregados são nossos primeiros clientes"? Gostaria de responder, Marina?

A estudante parou por um instante e então, retirando o cabelo do rosto para que todos pudessem vê-la, respondeu:

— Primeiramente, gostaria de parabenizar Antonio por sua sensibilidade pelo papel feminino no mercado. Tenho certeza de que todas as mulheres nesta sala apreciam o modo como nos retrata... e até gostariam de conhecê-lo melhor — então, a jovem brindou-lhe com um sorriso forçado enquanto o rapaz ficava vermelho como um pimentão.

Antonio e Marina já se conheciam desde os tempos do ginásio; a rivalidade entre eles os perseguira até a faculdade. Nos últimos tempos, em várias ocasiões Antonio se sentira superado pela colega; aquela, certamente, era mais uma delas. Percebendo que a conversa tomava rumos indesejados, o professor interrompeu, dizendo: — Sei o quanto vocês dois se adoram, mas, por ora, que tal voltarmos à questão?

— Ele quer dizer que, se quisermos preservar os clientes, precisamos primeiramente cuidar dos que tratam com os clientes. Lembro-me de ter assistido a um filme de uma companhia de aviação. A presidente foi bastante enfática quando declarou que "nossos empregados são nossos primeiros clientes".

— Obrigado, Marina. Você se saiu muito bem. Nossos empregados são nossos primeiros clientes — então o professor prosseguiu com novos exemplos sobre o assunto, e preparou-se para o encerramento.

"O cliente sempre está certo", pensou Antonio, depois de novamente distrair-se com os comentários de sua antiga amiga e rival. Quantas vezes ele já havia escutado aquela frase? Centenas? Milhares de vezes? Aquela devia ser a mais aceita entre todas as "verdades" do mundo dos negócios.

Foi então que percebeu algo interessante: ele jamais ouvira aquelas palavras de seu pai. Por quê? Aquilo lhe pareceu estranho, já que seu pai era o negociante mais bem-sucedido da cidade.

Porém, Antonio imediatamente se deu conta da resposta. Antonio Araújo não era o tipo de pessoa que costumava usar clichês e frases feitas com seus clientes. Ele simplesmente não precisava disso, e essa premissa já fazia parte do DNA de sua empresa. O que realmente importava era o tratamento oferecido a cada cliente. Suas ações refletiam suas crenças.

Então, novamente o professor atraiu sua atenção quando anunciou:

— Tenho uma pequena surpresa para vocês. Não haverá exame final na próxima semana — ao ouvir essas palavras, a classe toda aplaudiu; alguns alunos até suspiraram. O professor prosseguiu, dizendo: — Mas, antes que vocês fiquem muito contentes, preciso lhes dizer que haverá um trabalho a ser realizado no lugar do exame. Deixe-me explicar: quando retornarem das férias, estarão no último ano e terão de completar seu trabalho de graduação. Esta instituição construiu ao longo do tempo uma reputação de oferecer um ensino prático e com base em vivências reais. Discorremos sobre teorias, mas estas estão sempre inseridas na mais pura realidade, o que garante o aprendizado. Muitos dos alunos aqui presentes ainda não apresentaram o tema de seu TCC. Entre os que já o fizeram, a maioria dos tópicos escolhidos parece carecer de... bem... paixão. Tendo isso em mente, fiz uma proposta ao reitor há algumas semanas, à qual ele ofereceu pleno apoio. Portanto, idealizei um exame final que irá também ajudá-los a progredir em seu TCC. Vocês terão as férias para realizá-lo. Já estou ansioso para reencontrá-los no curso avançado de Empreendedorismo, quando finalmente recolherei os trabalhos. Quero lembrá-los de que todos sempre têm duas opções em minhas aulas: poderão realizar esse trabalho simplesmente para cumprir uma obrigação ou poderão fazê-lo para realmente se desenvolverem como empreendedores. Seja qual for o caso, o tempo gasto será praticamente o mesmo; contudo, no primeiro caso, vocês obterão apenas uma nota; no segundo, poderão alcançar algo bem mais duradouro. Façam com que essa tarefa lhes sirva a um propósito superior! Bem, já falei demais para um só dia.

— Professor Oliveira — disse Alberto, um dos alunos —, preciso ter uma nota para conseguir a bolsa de estudos para o pagamento do semestre. Sem a nota, não conseguirei o benefício.

— Esse é um ponto importante, Alberto. De fato me esqueci de mencionar essa parte do plano. Todos os alunos desta classe receberão "Bs", incondicionalmente. Por quê? Pelo fato de todos já terem demonstrado, em sua participação até aqui, serem merecedores dessa nota ou até mesmo de outra melhor. Porém, para conseguirem um A, terão de realizar o trabalho.

— Mas, professor, se todos os alunos já terão a nota fechada, por que fariam o trabalho? — disse Alberto, confuso. — O que eu quero dizer é que, tendo a opção de tentar conseguir um A, embora sem qualquer garantia disso, ou de passar férias completamente livres de preocupações, por que faríamos esse trabalho? Não parece uma escolha muito difícil, afinal. Não quero parecer desrespeitoso, professor, mas há algum truque nisso tudo?

— Não há truques, Alberto. Entretanto, como já devem ter percebido, há uma importante lição nisso tudo. Este é um curso de empreendedorismo, mas, se existe algo que não podemos ensinar de maneira adequada com palestras e leituras é a importância da atitude proativa. Nem todos conseguem agir dessa maneira, mas é uma importante qualidade para o sucesso dos negócios. Nem todos se sentem confiantes para abrir seus próprios negócios, e não há problemas nisso. Existem milhares de bons empregos nas grandes empresas. Somos todos diferentes. Enquanto alguns gostariam de ter a oportunidade de comandar, outros preferirão ser comandados. Acredito que essa tarefa será a mais importante em toda sua vida escolar. Completando-a ou não, vocês certamente aprenderão muito sobre si mesmos. Sua realização poderá não afetar sua nota, mas com certeza afetará sua educação, pois estarão face a face com algo primordial a todos os empreendedores: a motivação interna necessária quando se está à frente dos negócios. Uma parte importante de seu aprendizado é o que aprendemos sobre nós mesmos quando estamos diante de opções.

O professor completou sua explanação e rapidamente distribuiu as tarefas. Respondeu então a algumas questões técnicas e disse: — Desejo a todos excelentes férias! — em silêncio, retirou-se da sala enquanto os alunos permaneceram imóveis.

Depois de um momento, Alberto finalmente quebrou o silêncio, dizendo: — Isso é muito estranho! De qualquer modo, acho que vou aceitar meu B e relaxar durante as férias. Por que não? Até a volta, pessoal!

Exame final: Empreendedorismo 101

1. Encontre um empresário respeitável e bem-sucedido e aprenda o máximo que puder sobre o sucesso dele.
2. Relacione suas descobertas em não mais que doze páginas digitadas.

3. Dos atributos identificados, escolha um que o interesse mais e prepare um resumo de no máximo duas páginas sobre o tópico. Esse será o tema de seu Trabalho de Conclusão de Curso.
4. Traga o resultado dessa pesquisa para sua primeira aula de Empreendedorismo 102.
5. Esteja preparado para discutir o que tiver aprendido sobre si mesmo e seu processo pessoal de tomada de decisão.
6. Tenha ótimas férias! Estarei à disposição caso queira entrar em contato para discutir qualquer aspecto deste trabalho. Faça o que considerar melhor. Não há truques. Se não comparecer com um tópico, eu mesmo o definirei sem qualquer penalidade.

Professor Roberto Oliveira
Telefone: 224-8723

Os alunos saíram da sala em pequenos grupos, conversando em voz baixa, como se estivessem em um museu ou em uma biblioteca. Dois desses alunos já estavam pensando naquele trabalho como uma grande oportunidade.

Conforme a sala esvaziou, Antonio decidiu procurar o professor em seu escritório. A maioria de seus colegas sabia que ele e Roberto Oliveira tinham amizade fora da faculdade; contudo, a única pessoa que ele gostava que soubesse disso era Marina. Ela se mostrava sempre muito competitiva, e ele simplesmente adorava provocá-la.

Antonio estava com uma sensação estranha sobre aquela tarefa e instantaneamente soube quem gostaria de entrevistar. Porém, havia um problema, e ele precisava falar com a única pessoa que certamente o entenderia.

— Que boa surpresa! — disse Antonio ao adentrar o escritório cuja porta estava aberta e deparar com o homem que era como um tio para ele. Logo percebeu que Marina havia se antecipado a ele e estava sentada em uma poltrona no canto da sala.

— Olá, Antonio. Será que esta é uma oportunidade para nos conhecermos melhor? — disse Marina, com ironia.

— Desculpe, posso esperar aqui fora.

— Marina e eu estávamos apenas discutindo sobre uma dúvida — disse o professor.

Em seguida, Marina se levantou e dirigiu-se à porta. Ao passar por Antonio, sorriu e disse: — Tenha ótimas férias, Antonio. Não deixe de ligar.

Antonio caminhou até a mesma poltrona e sentou-se, comentando: — A tarefa é fantástica!

— Sem dúvida. Provavelmente percebeu o toque pessoal de sua mãe nesse trabalho. Maria sempre reclama que os trabalhos precisam ser práticos. "Use o mundo real em suas aulas", costuma dizer quando está me repreendendo. "Envie-me novos candidatos que tenham algum senso prático", diz ela. E eu concordo plenamente. Você vê alguma possibilidade nesse trabalho?

— Claro, e soube imediatamente quem gostaria de entrevistar... Porém, há um problema.

— Qual é o problema?

— Gostaria de falar com um grande empresário que já não está mais entre nós.

— Ah, sei, imaginei que talvez você dissesse isso.

— Não tenho certeza de como exatamente devo proceder em relação a isso. Lembro-me de muitas coisas, mas a maior parte de minhas memórias é de minha adolescência. Aprendi muito em psicologia para saber que minha perspectiva naquela época poderia afetar minhas percepções e até minhas memórias. Embora queira muito estudar meu próprio pai, não tenho certeza de como proceder.

Dizendo aquilo, Antonio sentiu-se forçado a parar e se recompor. Então completou: — Desculpe-me, tio Roberto, digo, professor Oliveira. Nunca conseguimos superar alguns acontecimentos. Sinto muito a falta dele.

— Leve o tempo que precisar, Antonio. Gostaria de lhe dizer que compreendo, mas isso seria impossível, pois não estou na mesma situação que você. Conheço a tristeza e a dor de perder meu melhor amigo. Posso apenas imaginar... — ambos permaneceram em silêncio por um momento.

Depois de alguns instantes, Antonio disse: — Entende meu problema?

— Claro, e acho que sua mãe pode lhe ser bastante útil. Ela poderá identificar as pessoas que seu pai respeitava como profissionais, e eles poderão lhe ser de grande valia.

— Ótimo conselho, tio Roberto. Obrigado pela ajuda.

— Estarei aqui sempre que precisar. Já vi que você fará o trabalho.

— Com certeza. Quero poder ajudar minha mãe com o negócio, mas estou certo de que conseguirei realizar a tarefa. Vejo você depois.

Após despedir-se, Antonio seguiu para o estacionamento.

Um encontro inesperado

Ao estacionar em frente à sua casa, Antonio ficou surpreso ao ver o carro de sua mãe ali parado. Conforme caminhou ao redor da casa em direção à porta da cozinha, pôde vê-la sentada à mesa. O que será que ela está fazendo em casa em pleno horário comercial?, pensou imediatamente. Contudo, logo percebeu que sua preocupação não fazia sentido, já que a academia permanecia aberta das 5 da manhã até a meia-noite.

— Olá mamãe, está tudo bem com você?

— Tudo ótimo, Antonio. Como se sente sabendo que praticamente terminou o penúltimo ano da faculdade?

— Bem, tivemos algumas surpresas hoje, mas... Tem certeza de que está mesmo tudo bem? Está sempre na academia neste horário.

Sua mãe sorriu. — Será que lhe ensinaram sobre delegar tarefas em sua faculdade?

— Certamente, mamãe. Mas você e o papai também me ensinaram sobre a importância de seu empreendimento estar sempre presente e visível, vinte e quatro horas por dia.

— Talvez tenhamos exagerado um pouco. Bem, de qualquer modo, queria estar aqui para conversar com você sobre a "surpresa". Digamos que eu tenha recebido alguma informação privilegiada sobre sua tarefa.

— Ah, então o tio Roberto e você conversaram sobre o tal exame final. Por que será que isso não me surpreende?

— E você já decidiu o que fará em relação a essa tarefa final?

— O que quer dizer?

— Bem, você vai aceitar o B e curtir a praia durante as férias ou aceitará o desafio?

Antonio riu e disse:

— Bem, eu estou de fato um tanto pálido e um pouco de sol não me faria nada mal, mas também estou superentusiasmado com o desafio. Além disso, já escolhi meu modelo para esse trabalho. Na verdade, foi uma escolha imediata.

— Alguém que eu conheça? – seu olhar orgulhoso já sabia a resposta.

— Na verdade, acho que o conhece até bem demais, mamãe, mas gostaria que me desse um abraço antes de eu começar a chorar pela segunda vez em um só dia.

Depois de alguns momentos acalentadores, a mãe tomou o filho pelos braços e, com lágrimas nos olhos, disse:
— Meu querido, você é a razão por eu estar em casa. Achei que talvez fosse interessante um momento de privacidade para que pudéssemos conversar sobre essa tarefa atípica. Considero isso como uma ótima oportunidade para você se preparar para o futuro, independentemente do que surgir pela frente. Em que está pensando?

Então, o jovem explicou à mãe sobre a sugestão que o professor lhe dera de estudar os homens de negócios que seu pai havia conhecido e respeitado. Assim, indiretamente estaria estudando seu próprio pai. Ao terminar, perguntou a ela: — Você me ajudaria a listar esses profissionais?

— Na verdade, meu filho, eu já comecei a preparar essa lista.

— Então tem estado ocupada, mamãe. Acho que terei de dividir minha nota com você, afinal.

— Somente se for um A.

— Acha que conseguiremos identificar alguém para cada categoria?

— Seu pai conhecia muitas pessoas, Antonio. E parecia atrair os melhores, pois reconhecia e respeitava esses profissionais.

— Essas categorias me fazem recordar nossas conversas à mesa de jantar. Cresci acreditando que todas as famílias costumavam discutir seus negócios enquanto jantavam, mas hoje percebo o quanto isso era especial.

— O jantar em família era uma prioridade para nós. Fazia com que nos mantivéssemos sãos. É fácil deixar que a administração de uma empresa o consuma completamente.

Tarefa de férias de Antonio

1. Divida as férias em sete blocos, cada um deles focado em uma das práticas de negócios fundamentais para o sucesso de nossa empresa.

2. Enquanto estiver estudando cada um dos profissionais escolhidos, trabalhe em uma área relacionada ao nosso negócio.
3. Entreviste alguém que seu pai costumava respeitar como profissional em cada uma dessas sete áreas.
4. As categorias identificadas são:
   - clientes
   - cultura
   - princípios
   - padronização de processos
   - inovação
   - mundo real
   - liderança

Divirta-se ao longo da jornada!

Com amor,
Mamãe

— Bem, já que estamos falando sobre negócios, em que exatamente poderei ajudá-la durante as férias enquanto estiver envolvido nesse projeto? Parece que terei de ir a vários lugares diferentes nos próximos três meses.

— De fato. Você terá a oportunidade de experimentar o negócio desde o início em cada área diferente conforme estudar cada um dos assuntos dessa lista.

— Puxa, mamãe! Eu conheço mais sobre a academia que a maioria dos funcionários que trabalha para você. Sempre estive envolvido com tudo ali dentro e, acredite, recolher toalhas e limpar os banheiros pode ser considerado o início. Isso, aliás, é o mais próximo que se pode chegar ao "mundo real".

— O que você diz é verdade. Porém, tal experiência foi adquirida como filho do dono, e, se me permite a franqueza, sempre foi tratado como "café com leite". Chegou o momento de você realmente sentir como funciona o empreendimento e encará-lo de outro modo.

— Acho que isso não fará nenhum mal.

— Seu pai gostaria que assim o fosse.

Antonio sabia que, a partir daquele momento, o assunto estava encerrado.

— Quando terei em mãos a lista de pessoas com que devo conversar?

— Você a receberá assim que tiver terminado as demais provas na semana que vem e tiver comemorado o final de mais um ano bem-sucedido.

— Você deveria ser professora de faculdade, mamãe.

— É engraçado que diga isso! Estou pensando seriamente em me candidatar para o cargo de instrutora na universidade em que obtive meu MBA.

— Você seria uma ótima instrutora. Bem... O que temos para o almoço?

— O que quer que você consiga encontrar, filho. Preciso retornar ao trabalho. Temos um negócio para administrar!

O plano para as férias

Era quinta-feira pela manhã. A sala do exame estava abafada e alguém, provavelmente Marina, usava um perfume irritante. Contudo, Antonio já havia terminado sua última prova. O ano letivo estava oficialmente encerrado e ele não teria mais que se preocupar com esses assuntos.

Antonio seguiu então para a Academia Araújo para obter seu plano para as férias. Ele não conseguia se lembrar de nenhum outro momento em sua vida em que estivesse mais entusiasmado em relação a uma tarefa. Algo naquela ideia de seguir os passos de seu pai lhe dava energia.

— Olá, mamãe. Aqui estou pronto para o desafio! Quero celebrar o final do ano letivo iniciando meu trabalho.

— Tem certeza de que não quer mesmo passar algum tempo na praia?

— Acho que prefiro iniciar imediatamente. A lista já está pronta?

— Bem, consegui fazer os últimos acertos esta manhã. Venha comigo e lhe darei uma cópia de sua programação de férias.

Conforme caminhavam, Antonio reparou na secretária de sua mãe, Clara. Ela lhe sorriu de um modo estranho, piscou e disse: — Parei de perguntar há muito tempo.

Antonio sorriu de volta de maneira educada, mas não compreendeu o comentário. Quando já estavam um pouco mais afastados, perguntou à sua mãe sobre o significado e obteve a seguinte explicação:

— Ela quis dizer que se eu fosse uma chefe *normal*, gritaria: "Clara, providencie cópias disso para mim, por favor!" Então ela viria até meu escritório e perguntaria a quantidade de cópias e o prazo para entregá-las. Na verdade, eu não hesitaria em seguir esse procedimento caso realmente precisasse de ajuda... Bem, talvez eu não gritasse, porém, quero que ela saiba que a respeito e que não me considero importante demais para tomar conta de mim mesma. Temos diferentes funções, mas somos todos humanos. Portanto, sempre que posso providencio minhas próprias cópias e aproveito e me exercito um pouco. Prefiro assim. Faz sentido para você?

Antonio sorriu e replicou:

— Então, você usa seu pedômetro para contar todos os passos que dá durante o dia e então arredonda para dez mil, certo?

— Na verdade, agora são quinze mil passos. Ganhei alguns quilos ultimamente.

O rapaz jamais havia pensado sobre o que estava implícito no simples ato de tirar algumas cópias. Estava começando a compreender o significado de encarar os negócios de outro ponto de vista. Ele já não estava ali de brincadeira: agora era um colega de trabalho.

Quando retornaram ao escritório, Maria entregou-lhe sua cópia da programação.

Programação

Semanas 1 e 2: Além do atendimento ao cliente
Tarefa: recepção
Modelo: Academia Araújo e Java Café

Semanas 3 e 4: A construção de uma cultura vencedora
Tarefa: treinamento de pessoal e recursos humanos (RH)
Modelo: Hotel Regency Star

Semana 5: Relembrando os princípios
Tarefa: grupos de sistemas
Modelo: GPB

Semana 6: A padronização de processos-chave
Tarefa: operações
Modelo: o jornal local

Semana 7: Inovação
Tarefa: manutenção
Modelo: o restaurante The Silver Plate

Semanas 8 e 9: Vivendo no mundo real
Tarefa: abertura de nova filial
Modelo: a clínica médica

Semanas 10 e 11: Liderança
Tarefa: a ser determinada
Modelo: a ser determinado

Semana 12:
Relatório final (encerramento)

Antonio suspirou e finalmente deu uma olhada na lista, dizendo:

— Bem, obrigado por limitar meu período na manutenção a uma semana. Acho que já passei tempo demais por lá.

— Se tivesse a intenção de se divertir durante todas as férias, deveria ter nascido em outra família.

Antonio achou melhor não levar aquela conversa adiante e imediatamente perguntou:

— Já estão me aguardando na recepção hoje?

— Estão sim, Antonio, e foram informados sobre a importância de você adquirir a experiência como funcionário e não mais como um "visitante". Mas ainda não terminei — Maria hesitou por um instante, respirou profundamente e disse: — Isso é um pouco difícil.

Antonio sentou-se ao perceber que seu tom de voz havia mudado.

— O que é difícil, mamãe?

— Nesse momento, em um mundo perfeito, seu pai lhe falaria sobre o que considerava mais importante nos negócios. Não tenho certeza de que lhe poderei fazer justiça.

— Ele certamente me falaria sobre a importância dos relacionamentos, não é? Ele sempre falava sobre isso.

Sua mãe olhou-o ainda mais cuidadosamente. — Sim, certamente ele falaria sobre isso. Ele se orgulhava de seus relacionamentos e costumava dizer que eram o que havia de mais importante em sua vida além da família.

— E o que ele diria exatamente, mamãe? Tenho certeza de que ele conversaria comigo antes de eu iniciar esta jornada.

Uma conversa com papai

— Sim, meu filho. Ele diria: Antonio, você visitará pessoas muito inteligentes e experientes durante as próximas doze semanas e representará nossa família enquanto estiver trabalhando com eles e interagindo com seus funcionários, além dos nossos — e prosseguiria, relembrando-o sobre a questão principal que deverá ser considerada: Sua mãe e eu acreditamos que os relacionamentos sempre foram e sempre serão o coração de nosso empreendimento.

Antonio acenou com a cabeça conforme sua mãe lhe dizia aquelas palavras e imediatamente reconheceu as ideias de seu pai, que lhe haviam sido passadas ao longo dos anos em que convivera com ele.

— Ele lhe diria que a chave para esses relacionamentos é o que costumava chamar de "pergunta mágica": "Como posso ajudá-lo(a)?" No início, aliás, a pergunta costumava ser: "Como posso ajudá-lo(a) a ficar em forma?", mas, conforme o tempo foi passando, percebemos que esta questão possuía implicações mais abrangentes. Descobrimos, por exemplo, que, após ajudarmos nossos clientes a encontrarem o caminho certo para manter a forma e a saúde, poderíamos expandir aquele conceito dentro da comunidade. Deixe-me contar-lhe uma antiga história de que certamente não se recorda.

Antes de o shopping ser construído, havia um grande galpão do outro lado da rua em frente à nossa primeira academia de ginástica. Um dia, esse galpão pegou fogo. Inúmeros bombeiros responderam ao chamado e combateram o incêndio durante todo o dia. Você precisava ter visto... Caminhões de bombeiro, equipamentos e homens uniformizados por todos os lados. Quase não havia espaço suficiente na rua. Não demorou muito para que seu pai encontrasse o chefe das operações e perguntasse: Como posso ajudá-lo? Cinco minutos depois, aqueles homens estavam usando nosso estacionamento como um centro de comando. Chegamos inclusive a desviar algumas linhas telefônicas para ajudá-los a implementar seu sistema de comunicações.

Então, seu pai resolveu novamente utilizar a "pergunta mágica". Obviamente, todos os bombeiros ficaram eternamente gratos por oferecermos acesso à recepção e aos chuveiros para que pudessem se refrescar e se lavar. Desde então, todas as visitas de inspeção do corpo de bombeiros foram agendadas gratuitamente como cortesia; recebemos ainda de presente alguns detectores de fumaça e, além disso, a segurança de que contaríamos com pronto atendimento caso nossos alarmes de incêndio disparassem. Nossa intenção nunca foi obter esses benefícios, mas isso apenas demonstra o quanto aqueles homens apreciaram a perguntinha mágica.

— Tudo isso deve ter sido muito difícil, mamãe. Eu compreendo e concordo com tudo o que disse — ao dizer essas palavras, Antonio preparou-se para sair.

— Há mais um detalhe, filho.

— O quê?

— Você é o herdeiro aparente dessa empresa. Todos o estarão observando para ver que tipo de pessoa é. A impressão que causar será fundamental.

— Algum conselho?

— Seja você mesmo, aprenda o quanto puder e respeite todos como iguais.

— Farei o que for possível.

PARTE 2
As sete chaves essenciais do sucesso

É importante que façamos uma pequena pausa para discutir o conceito de ciclos de ações antes de continuarmos com nossa história.

Administrar um pequeno empreendimento significa realizar o trabalho. Não faz sentido adquirir um sistema de controle de estoque se não pretender instalá-lo. Entretanto, instalá-lo será uma perda de tempo se não tiver a intenção de utilizá-lo. Portanto, os processos de compra, instalação e implementação são três passos de um ciclo de ações que precisam ser devidamente completados antes que alguém possa fazer uso do novo benefício. O sucesso dos pequenos negócios está no fechamento dos *ciclos de ações*.

CHAVE 1
O gerenciamento das zonas de relacionamento[1]

A retenção de clientes está mais associada ao estabelecimento de uma conexão emocional entre empresa e cliente do que propriamente ao serviço prestado ao consumidor. É claro que a existência de ambos é o ideal.[2] Para se atingir qualquer um deles, é preciso conhecer e compreender as "zonas de relacionamento" em seu empreendimento.

Na primeira semana de suas férias, Antonio se viu trabalhando na recepção. Em nenhum outro local da empresa havia tantas oportunidades de se prestar serviços aos clientes que naquele departamento, e no final daquele período o rapaz já se perguntava se o cliente estaria, de fato, sempre certo.

Na verdade, ele quase perdeu a paciência na sexta-feira quando uma cliente lhe perguntou o que a academia pretendia fazer em relação à sua unha quebrada. Aparentemente, ela havia passado pela manicure em seu caminho para a sessão de ginástica e, enquanto utilizava um dos equipamentos, quebrou uma de suas unhas. Para ela, aquilo certamente era culpa da academia. Tal reclamação lhe pareceu tão bizarra que Antonio chegou a imaginar que fora encenada.

Naquele momento, Guilherme, um dos funcionários, interrompeu-os com grande tranquilidade, dizendo: — Posso fazer uma sugestão?

Naquele momento, Antonio deu um passo para trás para que Guilherme pudesse se aproximar com a cadeira de rodas. Guilherme continuou:

— Nosso procedimento para unhas quebradas acabou de ser revisado; portanto, se puder retornar à recepção depois do seu banho, cuidaremos para que sua unha seja refeita.

A cliente ficou claramente surpresa com a reviravolta na situação, olhou para Guilherme com certo escárnio e disse:

— Você tem certeza? Promete?

— É o procedimento padrão para unhas quebradas, senhora. Volte depois do banho e já teremos providenciado um lugar para refazer sua unha por nossa conta.

Ela sorriu e se dirigiu ao vestiário. Enquanto isso, Guilherme pegou o telefone e agendou um horário no salão de beleza situado na esquina.

— Obrigado, Guilherme. Não sabia que tínhamos um procedimento para unhas quebradas.

— Não temos, Antonio — disse Guilherme, ostentando um sorriso travesso — Às vezes, é preciso perceber o humor da situação e se deixar levar por ela. Poderíamos ter discutido e até dito a ela que estava agindo de maneira idiota, o que de fato é verdade. Mas aonde isso nos teria levado? Ela estava irritada, e tivemos a chance de estabelecer um relacionamento com a cliente ao resolvermos seu problema. Além disso, a dona do salão de beleza dá aulas de Pilates aqui e ficou feliz em nos ajudar.

Quando a cliente retornou, Guilherme havia escrito no verso de um de nossos cartões de visita: "Vale o conserto de uma unha". Então, ele o deu a Antonio para que fosse entregue à cliente. Antonio agradeceu. A mulher, completamente encabulada, acenou com a cabeça e seguiu em direção à porta. Já na saída, disse: — Obrigada, vocês são realmente fantásticos!

Depois que ela saiu, Guilherme virou-se para Antonio e comentou: — Ela jamais esquecerá isso. Tornamos seu dia mais alegre em face de um desastre. Seu pai costumava chamar essas situações de "momentos de oportunidade".[3] Ele chamava esta recepção de "zona de relacionamento".

— "Momentos de oportunidade", "zona de relacionamento"?

— Sempre falamos sobre o modo como gostaríamos que os negócios fossem, mas, até que tenhamos de fato "momentos de oportunidade", nossos comentários serão apenas palavras e boas intenções. Os "momentos de oportunidade" dão vida às nossas ideias. A zona de relacionamento é apenas o local em que ocorre a maioria das experiências de nossos clientes. Existem inúmeras oportunidades de estabelecermos uma forte conexão com nossos clientes nas zonas de relacionamento. A recepção é a maior dessas zonas dentro da academia. Podemos prestar um grande serviço à empresa se nos mantivermos alertas aos "momentos de oportunidade".

— Mas como foi que você pensou nessa falsa política da academia como um "momento de percepção"?

Guilherme pensou por um momento e explicou:

— Quando seu pai me contratou, há cinco anos, ele introduziu a ideia de que não devemos apenas falar sobre servir aos clientes na academia. Todos aqui são obcecados por servir bem nossos clientes. Trabalho na mesma filial em que sua mãe mantém o escritório e sinto que ela continua infundindo na equipe a mesma mensagem. É divertido encontrar meios de surpreender e engajar nossos clientes. Eles chegam cansados e estressados e tenho a chance de tornar seu dia mais feliz. Nada mal, não é? Eu transformei a busca por "momentos de percepção" em uma espécie de jogo. Acho que me tornei um especialista nisso... Sinto-me bem com o que faço.

Aproveitando as oportunidades daquela zona de relacionamento, Antonio e Guilherme buscaram juntos por "momentos de oportunidade" e tentaram atender aos clientes de maneira entusiástica. A semana na recepção passou extremamente rápido.

No final de semana, sua mãe lhe disse que sua primeira visita já estava agendada para a próxima segunda-feira.

A semana começou com um dia claro e ensolarado. O ar parecia carregado de expectativa. Sua mãe havia saído cedo para trabalhar e Antonio permaneceu na casa, pois lhe fora dito que o melhor horário para a visita seria entre 9 e meia e 11 horas. Contudo, ele ainda não sabia onde seria sua reunião.

O Java Café

O bilhete deixado por Maria era simples: "Java Café". Para o caso de o filho ainda estar um pouco sonolento, ela lhe deixou uma pista: uma xícara de café com um endereço circulado em tinta preta. Não havia como errar.

Antonio já tinha assistido a muitos comerciais do Java Café para saber o que significava o bilhete. Sua primeira lição o aguardava na cafeteria, que era situada em um shopping com cerca de duas dúzias de pequenas lojas espremidas entre uma ou duas grandes lojas-âncora. No estacionamento, a grande variedade de sedans, utilitários e pequenas vans sugeria que naquela manhã o local já estava lotado.

A cafeteria estava tão cheia de clientes como o resto do shopping, e o número de funcionários era ainda maior que o de consumidores. Havia dois funcionários no caixa e outros dois recebendo pedidos. Mas algo era óbvio: o atendimento ali funcionava como uma espécie de linha de produção estável.

A eficiência dos empregados mantinha as filas com uma média de dois clientes e o tempo de atendimento era pouco maior que o do preparo dos pedidos. Antonio logo pensou: Não é preciso perder tempo procurando a zona de relacionamento neste estabelecimento: ela é o balcão de atendimento.

Não foi difícil para Antonio descobrir qual dos quatro funcionários era o seu contato, já que três dos presentes eram jovens como ele próprio. O quarto tinha a idade de seu pai e logo se aproximou do balcão ao perceber a presença do rapaz.

— Eu mesmo atenderei este jovem — disse ele, abrindo um amplo sorriso e medindo o rapaz de cima a baixo.

— Olá, estou procurando por...

— Deixe-me adivinhar! — interrompeu entusiasticamente o atendente, debruçando-se sobre o balcão e apoiando o queixo sobre o punho, analisando o rapaz como se fosse um complexo problema matemático. Então, prosseguiu. — Jovem, estudioso, educado. Hummm... O tipo de homem que tomaria um café expresso.

— Bem, na verdade, eu...

— Não! Expresso não. Forte demais. Você... Bem, você deve gostar do café normal. Definitivamente, nada de cafés italianos sofisticados ou misturas especiais, apenas um copo de isopor quentinho e repleto de cafeína. É isso aí!

— Precisamente! — disse Antonio. — Como soube...

— Como eu soube? — o homem olhou furtivamente para ambos os lados e inclinou-se para a frente, sussurrando: — É parte da mágica. Sou Gilberto Alfonso Tiberius Garcia... Mas, por favor, me chame de Gil. Você é o Antonio, certo?

Os demais funcionários rapidamente supriram a ausência de Gil enquanto ele saía e apertava a mão de Antonio, dizendo:

— Estou feliz em encontrá-lo! Minha esposa e eu conhecemos seus pais há muitos anos, e desde então sempre nos mantivemos em contato — então, parou por um momento e comentou: — Uau! É estranho como o tempo passa rápido! Bem, permita-me apresentar o pessoal. Eles não param nunca. Margô, Ricardo e Matias, cumprimentem este jovem.

Margô e Ricardo imediatamente olharam para Antonio e sorriram, mas Matias estava atendendo um cliente e manteve sua atenção focada nele.

Então, finalmente, Matias olhou para trás e disse: — E eu quero que conheça nossa cliente especial, Patrícia, sem a qual todos nós estaríamos pobres.

Patrícia olhou para Antonio timidamente e terminou sua compra. Era óbvio que ela havia apreciado a resposta inteligente de Matias.

Gil retornou ao tópico anterior e continuou se recordando.

— Sabe, acho que a primeira academia de vocês foi também meu primeiro contrato, quando ainda possuía minha própria empreiteira. Foi a Construtora Garcia a responsável por aquelas primeiras quadras de squash. Posteriormente, fizemos aquela... bem, aquela controversa reforma que transformou as quadras em salões para a prática de ioga.

Antonio não se conteve e riu. Muitas vezes havia escutado histórias sobre a insistência de sua mãe em promover inovações, como, por exemplo, a instalação da primeira quadra de squash da cidade e, então, o primeiro salão para ioga. Seu pai era geralmente mais cauteloso, especialmente diante de grandes despesas, mas, depois de perceber o quanto era importante se arriscar em novas tendências, sempre prestou atenção especial às ideias da esposa.

Gil acenou com a cabeça.

— Toda a experiência de trabalhar com seus pais me ensinou algumas importantes lições, mas acho que apenas lhe falarei sobre os negócios e deixarei que tire suas próprias conclusões.

Antonio imediatamente percebeu o que estava por trás daquilo. — Mamãe não desejaria que a lição fosse fácil demais, não é?

— Claro que não. Fique à vontade. Sente-se, aprecie seu café e preste atenção à movimentação.

Antonio não estava certo quanto ao que precisava observar. Um fluxo contínuo de clientes chegava e saía. Todos eram atendidos com cortesia e eficiência. De fato, Antonio percebeu que o Java Café oferecia preços bastante razoáveis e, aproveitando um momento em que a cafeteria estava vazia, comentou:

— Você está certo. O mercado de fato nos mostra que os preços do Java Café estão um pouco abaixo da concorrência, especialmente neste bairro.

— Isso é parte de nossa estratégia. Contudo, acredito que o que seu pai gostaria que você aprendesse aqui ainda precisa ser percebido. Observe um pouco mais.

Antonio continuou assistindo enquanto Gil e seus funcionários trabalhavam rapidamente e atendiam os clientes de maneira educada e eficiente. Então, o jovem percebeu que havia ali mais que boa educação. Havia uma autêntica conexão entre funcionários e clientes. O pessoal do balcão fazia piadas, ria e tentava deliberadamente obter uma reação até mesmo dos consumidores mais rabugentos ou distraídos. E essa impressão apenas se confirmou quando

Antonio observou o modo como Ricardo atendeu uma mãe acompanhada de sua filha, ambas muito jovens. Na verdade, a mulher parecia ter a mesma idade de Ricardo. Enquanto o pedido da mãe, um delicioso latte machiatto, era preparado por Gil, Ricardo imediatamente se voltou para a garotinha que se pendurava no vestido da mãe, dizendo:

— E a senhorita, o que vai querer? Será que nada em nosso cardápio parece gostoso?

A menina ficou tímida e instantaneamente escondeu-se atrás da mãe, espiando pelos lados. Estava obviamente envergonhada, mas, ao mesmo tempo, parecia intrigada com a atenção. Então, a garotinha mostrou novamente o rostinho angelical e disse:

— Café é muito ruim. Meu nome é Julia e tenho 4 anos.

— Bem, Julia, acho que você não viu nosso menu infantil!

Ao ouvir aquilo, a menina ficou imediatamente alerta. Percebendo que havia atraído sua atenção, Ricardo pegou um bloco de pedido em branco e olhou-o atentamente, dizendo:

— Vejamos! Hoje temos um especial de leite com brócolis! Você gosta de brócolis, Julia? Ah, temos também café com tomate.

Julia soltou um gritinho agudo, pois sabia que aquele jovem a estava provocando. Conforme a mãe recebeu seu latte machiatto e partiu, a garotinha continuou olhando para trás e acenando para Ricardo, rindo das estranhas sugestões. Aquilo fez com que Antonio se lembrasse da experiência que tivera na academia com a unha quebrada.

— Chá de ervilha, batatas no espeto... Ei! Espere! Aonde pensa que está indo? Temos muito mais! — dizia Ricardo enquanto Antonio se mostrava cada vez mais impressionado a ponto de comentar:

— Vocês realmente se envolvem com os clientes de um jeito pessoal e autêntico — disse a Gil assim que teve uma chance. — Será que era isso o que meu pai queria que eu visse? — questionou.

— É simples, não acha? — disse Gil, acenando com a cabeça. — E, mesmo assim, eu diria que esse tipo de atitude é responsável por 90% de todo o nosso sucesso. Não é difícil fazer um bom café e cobrar um preço justo, mas é extremamente complicado criar uma reputação como um lugar que realmente oferece a seus clientes algo especial. Prestamos muita atenção àquilo que somos enquanto comercializamos café. As pessoas vêm aqui pelo café, mas retornam não apenas por causa dele, mas em virtude da experiência que vivenciaram. Nós também tentamos saber o máximo possível sobre nossos consumidores. Pelo fato de atendermos a um grande número de profissionais da saúde, que trabalham no hospital, temos várias bebidas com nomes estranhos. Eles simplesmente amam o nosso "Especial Pronto-Socorro", que contém cafeína suficiente para deixar um elefante acordado. Contamos também com uma linha de bebidas para os que gostam de cuidar da saúde.

— Como as opções com "50% de cafeína"? — completou Antonio. — Muitos dos que as escolheram estavam de fato carregando mochilas de academia. São provavelmente clientes das quatro academias situadas na região, uma das quais ostenta o nome Araújo, devo acrescentar.

Os dois conversaram por mais uma hora e Antonio preencheu quatro páginas com informações. Passar algum tempo com aquele antigo amigo da família foi como estar ao lado do próprio pai. Antonio simplesmente não queria ir embora. Mas, quando a conversa terminou, Gil olhou para o rapaz e perguntou-lhe:

— É difícil falar sobre o seu pai?

— Sim, é muito difícil, mas é também recompensador. Quando comecei com tudo isso, não imaginava quão pessoal tudo isso se tornaria. Por meio das pessoas que ele conhecia e respeitava, estou encontrando pistas para compreender mais sobre ele. Serei eternamente grato por isso. — Antonio fez uma pausa e sorriu, com os olhos marejados. — Sabe, estou realmente ansioso por continuar com esta busca. Certamente, haverá momentos difíceis, mas estou conhecendo fatos sobre meu pai que não são apenas importantes pessoalmente, mas também para minha vida profissional.

— Seu pai era um homem especial, Antonio. Nossa comunidade é melhor por causa dele. Mande um abraço para sua mãe e lembre-se: o café aqui será sempre por conta da casa.

Anotações de Antonio sobre as zonas de relacionamento

As zonas de relacionamento são aquelas em que ocorrerão inúmeras oportunidades de nos relacionarmos com os clientes. Para melhor gerenciá-las, devemos:

- Identificar e compreender seu verdadeiro público-alvo.
- Estudar seus clientes reais e potenciais até conhecê-los bem.
- Descobrir o que os clientes desejam e oferecer-lhes ainda mais.
- Distinguir-se da concorrência oferecendo aos consumidores tratamento diferenciado.
- Criar uma conexão autêntica e emocional com os clientes nas zonas de relacionamento.
- Envolver-se! Criar uma experiência poderosa com os clientes por meio de um ambiente alegre e repleto de energia.

Chave 1: Plano de desenvolvimento do seu negócio

Acompanhamento de trabalho e discussões

1. Reflita sobre vários tipos de negócios e compartilhe as experiências que teve como cliente. Pense também nas experiências negativas.
2. Liste as zonas de relacionamento de seu próprio negócio.
3. Pense em como poderia gerenciar mais adequadamente estas zonas para oferecer a seus clientes resultados mais positivos e estimulantes.
4. Descreva a área de atuação do seu empreendimento. Detalhe-a geograficamente. Faça uma análise demográfica e de movimentação de pessoas. Quanto mais detalhes obtiver, mais fácil será tomar decisões acertadas. Será importante criar um mapa com todas essas informações.
5. Liste seus concorrentes dentro da área de mercado. Acrescente detalhes sobre os produtos, serviços e preços que concorrem com os seus.
6. Descreva como seus concorrentes gerenciam suas zonas de relacionamento. Cite exemplos positivos e negativos.

Perguntas sobre seu negócio

1. Responda às seguintes perguntas honestamente:
   - Dentro de seu mercado, como o seu produto diferencia-se dos de seus concorrentes?
   - Se não houver diferença, quais são as semelhanças?
   - Como você e seus concorrentes se comportam em suas zonas de relacionamento?

2. Descreva como pretende aprimorar suas zonas de relacionamento de modo a maximizar as experiências de seus clientes todas as vezes em que eles passarem por elas.
3. Desenvolva uma lista de ações que devem ser executadas para que se possa atingir esse objetivo. Atribua a responsabilidade por esses passos às pessoas adequadas e determine prazos.
4. Descreva seu plano para tornar seu negócio diferente daquele de seus concorrentes.
5. Imagine seu empreendimento depois de tudo isso. Como ele seria visto por um cliente em potencial?
6. Esboce ideias sobre como pretende sustentar essas diferenças ao longo dos próximos anos.

CHAVE 2
A construção de uma cultura vitoriosa

A cada momento, os funcionários ajudam a criar uma cultura vitoriosa. Aos poucos, esses momentos se acumulam e formam uma marca e uma reputação. Os "momentos de oportunidade" são aqueles atos conscientes que surgem a partir do verdadeiro compromisso que se tem com a visão da empresa. O compromisso essencial norteia as atitudes de todos os funcionários e faz com que eles aceitem a responsabilidade de recriar essa visão em todos os dias de trabalho.

Antonio chegou ao departamento de recursos humanos (RH) e descobriu que o diretor da área fora até uma das filiais para realizar um treinamento sobre avaliação de desempenho. A secretária do RH entregou-lhe uma mensagem que lhe sugeria passar algum tempo com Letícia, uma das melhores personal trainers da academia.

Embora não conhecesse Letícia, Antonio já sabia de sua reputação. Depois de perguntar por ela na sala de ginástica, prosseguiu até o salão de equipamentos. Chegando lá, encontrou uma mulher com aproximadamente a idade de sua mãe, que entusiasticamente auxiliava uma aluna a realizar sua rotina.

Ele estava fascinado pela energia demonstrada por aquela mulher tão pequena; posteriormente, descobriria que ela era campeã de fisiculturismo da divisão profissional.

Conforme observava seu trabalho junto à cliente, percebeu que ela demonstrava os exercícios, agachava-se para verificar o posicionamento da aluna, oferecia apoio, encorajava, sorria e corrigia eventuais erros; verificou ainda que, ao longo de todo esse processo, Letícia ainda dava valiosas dicas sobre dieta, exercícios de alongamento, postura e diversas outras questões.

Cinco minutos antes do horário marcado, a profissional despediu-se de Juliana, sua cliente, e Antonio a ouviu dizer:

— Adorei trabalhar com você e agradeço por seu esforço. No mesmo horário na próxima semana? — a treinadora olhou nos olhos de sua cliente até que ela saiu e, somente então, percebeu a presença de Antonio.

— Olá, Antonio. Só tenho cinco minutos para comer uma barrinha de cereais e já preciso atender aquela cliente que está na esteira. Por que não vem comigo? Você já passou tempo suficiente na academia para saber um pouco sobre seu funcionamento.

Depois de trabalhar como parceiro de Letícia o dia todo, Antonio chegou em casa naquela noite completamente esgotado. Até tentou assistir à televisão, mas acabou indo dormir.

No dia seguinte, em vez de seguir para a academia, Antonio permaneceu em casa. Na noite anterior, enquanto praticamente cochilava durante o jantar, sua mãe entregou-lhe uma caixa de fósforos do Hotel Regency Star. Conforme levantou a cabeça, demonstrando curiosidade, Maria passou-lhe a programação.

Hotel Regency Star

Às 9 horas da manhã, depois de uma perfeita noite de sono, Antonio já estava diante de um enorme edifício de vidro no centro da cidade, onde encontraria seu contato, Wagner Bianchi, o atual diretor de compras do hotel. Antonio sentiu-se um pouco desconfortável em estacionar seu Mini Cooper bem atrás de uma novíssima Mercedes. Ele havia acabado de sair do carro quando um manobrista bem-educado e impecavelmente uniformizado apareceu. Sem ostentar qualquer tipo de preconceito em razão dos trajes informais usados por Antonio, tratou-o com cortesia e respeito.

Hóspedes bem-vestidos, visitantes e funcionários caminhavam pelo gigantesco lobby, que mais se parecia com uma estação de trem. O balcão da recepção era feito de madeira e belissimamente decorado com detalhes dourados.

Após receber instruções, Antonio aguardou pelo atendimento na fila de check-in, tentando parecer acostumado àquele tipo de ambiente.

Havia apenas uma pessoa à sua frente, um homem que trajava um terno que lhe caía muito bem, com uma valise que repousava sobre o chão. Antonio imaginou que aquilo não levaria muito tempo; os três atendentes no balcão manuseavam os cartões de crédito com a mesma destreza dos jogadores de pôquer que Antonio vira na única viagem que havia feito a Las Vegas com o pai.

Infelizmente, a fila na qual Antonio se encontrava parecia não se mover. Alguns segundos se passaram até que o homem parado à sua frente começasse a reclamar em tom alto o suficiente para ser ouvido.

— Mas que ótimo! O que vou fazer agora? Simplesmente inacreditável. Estou completamente sem opção.

Ops, problemas à vista. Antonio acompanhou o diálogo entre o recepcionista e o hóspede como se fosse uma partida de tênis, mas sem deixar transparecer sua curiosidade. O tempo todo ele fingiu estar completamente absorvido pelo conteúdo de seu caderno.

— Talvez não seja bem assim, senhor. Qual é mesmo o comprimento do... bem... volume?

— Da caixa maior? Pouco mais de 3 metros quadrados. Então existem as caixas menores, que medem aproximadamente 1,8 metro quadrado cada uma. Elas não caberão em uma van do hotel. Se não fosse esse prazo apertado, não haveria problemas!

— De fato, senhor, elas são grandes demais. E o senhor considera realmente necessário que todas viajem juntas?

— Não podemos fazer a entrega em partes.

— Entendo, senhor. Não consigo acreditar que em todo o centro da cidade não consigamos encontrar um único veículo que possa transportar o material. Mas o concierge está a caminho, e se alguém pode...

— Eu agradeço seu empenho, mas a não ser que resolvamos isso nos próximos minutos, receio que será tarde demais. Isso inclusive atrasará minha saída do hotel, pois terei de fazer algumas ligações para empresas de transporte. Ah, meu Deus! Era de se imaginar que o museu enviasse um veículo mais adequado. Afinal, os guerreiros do Primeiro Imperador merecem viajar de primeira classe!

Antonio ficou tão confuso com a última parte do diálogo que sussurrou: "os guerreiros do Primeiro Imperador?" Como uma criança assustada, ele logo notou que todos perceberam que ele escutava a conversa.

Ambos os homens o fitaram com surpresa, mas Antonio somente conseguiu contrair os ombros:

— Desculpem-me... Mas isso não é algo que se escute todos os dias.

Por fim, Antonio ouvira perfeitamente. O "homem de negócios" era na verdade um arqueólogo associado ao Departamento de Estudos sobre o Extremo Oriente da Galeria de Arte de Kansas City. Ele estava realmente transportando "guerreiros imperiais de terracota".*

— Eles pertencem ao Museu do Exército de Terracota da China — explicou. — O problema é que um único caminhão quebrado está colocando em risco toda uma série de conexões de voos cuidadosamente agendados para que esta coleção retornasse à província de Shaanxi a tempo.

Então, o recepcionista inclinou-se e apontou para outro funcionário um tanto desgrenhado, que vestia um macacão de trabalho, e que se aproximava da recepção.

— Cavalheiros, este é o senhor Max Slater — disse o recepcionista. — Ele trabalha para uma empresa que fornece

* Também conhecidos como Guerreiros de Xian ou ainda Exército do Imperador Qin. Trata-se de uma coleção de mais de oito mil figuras de guerreiros e cavalos em terracota, em tamanho natural, encontradas próximas do mausoléu do primeiro imperador da China. Foram descobertas em 1974, próximas de Xian. (N.T.)

suprimentos ao hotel, cujos serviços recomendamos plenamente. Neste momento, um dos caminhões da companhia está estacionado na plataforma de carga e pronto para receber os volumes.

Bem depois de o motorista do caminhão e do arqueólogo desaparecerem para resolver o problema dos "guerreiros do imperador" e enquanto Antonio ainda aguardava no lobby por Wagner Bianchi, um homem jovem vestido em trajes formais apareceu na recepção. Aparentemente, era o concierge. A conversa pareceu bem animada, como se estivessem discutindo um emocionante jogo de futebol ou um grande sucesso de bilheteria em vez de um simples exemplo de raciocínio rápido e serviço excepcional.

Posteriormente, Antonio descobriu a razão de toda a excitação. Os funcionários do Hotel Regency Star haviam organizado uma espécie de competição permanente para ver quem conseguia ser mais criativo e eficiente no quesito "satisfação do cliente". O mais interessante é o fato de que a competição não fora sancionada pela gerência; a ideia partira dos próprios funcionários. Enquanto esperava por Wagner Bianchi, Antonio escreveu em seu caderno de anotações que aquele era, sem dúvida, um método que garantia o não esquecimento da pergunta mágica.

Wagner interessou-se imediatamente pelas anotações de Antonio, principalmente ao ver palavras como "sancionada" e "autonomia" entre elas, e logo começou a rir.

— Uau! Sua mãe ficará muito feliz em saber o quanto você aprendeu antes mesmo de conseguirmos tirá-lo do lobby do hotel!

— Bem, acho que Eduardo, o recepcionista, é um perfeito exemplo de autonomia — disse Antonio. — Fiquei aqui apenas por dez minutos e vi o modo como cuidou de várias situações complicadas. Há poucos minutos, um casal que já saíra do elevador discutindo começou a reclamar com Eduardo. Percebi que suas reclamações nada tinham a ver com o hotel. Eles reclamavam apenas por reclamar. Mesmo assim, Eddie lhes ofereceu um desconto de 10% sobre o total de suas despesas.

Wagner recebeu aquelas informações com um sorriso e meneou positivamente a cabeça.

— Sim, eles têm a permissão de oferecer até 15% de desconto conforme acharem apropriado. Nossa cultura se baseia em autonomia e bons serviços.

— Isso não me surpreende nem um pouco — respondeu Antonio. — A lição que certamente levarei comigo é a importância de permitir que seus funcionários tomem decisões em relação a problemas imediatos.

— Sim, claro. Toda essa política de autonomia deve se fundamentar no bom treinamento e na competência dos empregados. Dessa maneira, oferecemos mais poder à equipe. Deixamos que encontrem soluções e fechem os ciclos. Baseamos nossos treinamentos na assunção de obrigações, assegurando que cada um de nossos funcionários tenha total responsabilidade por suas tarefas. Isso inclui saber exatamente o que, quando e onde tudo deve ser feito e quem estará envolvido. Os resultados são fantásticos. O sucesso das operações passa a depender única e exclusivamente das pessoas envolvidas, e estas adquirem uma força admirável.

Wagner Bianchi ainda tinha muito a mostrar para Antonio conforme visitavam todo o hotel, movendo-se de áreas públicas para outras de acesso exclusivo dos funcionários.

Como diretor de compras em um grande hotel, ele costuma lidar com centenas de diferentes organizações, associações, corporações, grupos e indivíduos que demonstram interesse em usar uma das dezesseis salas de reunião ou convenção do Hotel Regency. Wagner e seus vários assistentes reservam os espaços, negociam contratos, planejam menus para refeições e intervalos, fornecem e organizam equipamentos audiovisuais e móveis e certificam-se de que quaisquer outros detalhes sejam devidamente visualizados. É isso o que atrai para o hotel milhares de seminários, *workshops*, casamentos, reuniões, shows de dança, cerimônias, bufês e outros eventos.

Sem dúvida, tudo o que envolvia o intrépido departamento de compras do Hotel Regency era importante, mas o elemento que Wagner realmente desejava enfatizar era o papel da comunicação.

Wagner parou diante de uma prateleira de suprimentos e passou a demonstrar o processo com exemplos simples.

— Gostaria de lhe explicar a importância da comunicação. Enviamos às empresas que fizeram suas reservas esses pacotes especiais de confirmação, e, com a ajuda deles, temos o *feedback* necessário para que providenciemos o número exato de refeições. As organizações conseguem estimar o número de indivíduos presentes no evento desde que trabalhemos em conjunto. Contudo, algumas grandes empresas já tiveram problemas mais de uma vez no início, mas isso normalmente não ocorre.

O escritório de Wagner contava com um pequeno departamento cuja única função era confirmar informações. A equipe trabalhava com as reservas para obter respostas definitivas para os números, bem antes da realização dos eventos. Os funcionários jamais esperavam que alguém lhes "retornasse a chamada". Eles enviavam e-mails, ligavam e até enviavam lembretes com um toque de humor. Queriam que todos os ciclos estivessem devidamente fechados em relação a todos os participantes e palestrantes. Tudo isso é gratificante, já que muitas vezes o custo para cada participante chegava a superar mil dólares. Ele prosseguiu em sua explicação:

— O foco nas comunicações é importante para qualquer empreendimento. Sempre que quiser comunicar uma mensagem, faça-o de modo que atenda às necessidades da organização de duas maneiras: assegurando a transmissão da informação necessária para um planejamento eficiente e deixando a impressão de que a escolha do Hotel Regency para a realização do evento foi a mais acertada. Todas as áreas dessa organização, desde a limpeza e manutenção até o fornecimento das refeições, têm papel especial não apenas para manter o alto padrão que estabelecemos para os nossos serviços, mas também para desenvolver uma incrível cultura.

— Poderia me fornecer uma cópia do documento que ostenta os princípios do Regency?

Wagner sorriu.

— Bem, acho que só temos alguns milhares de cópias, mas acredito que possa dar uma de presente ao filho do rei da academia. Aliás, pelo que sei, há vinte anos seu pai esteve aqui conversando com um dos meus predecessores e pediu exatamente a mesma coisa.

Antonio despediu-se e seguiu em direção ao lobby. Ao passar pela recepção, voltou-se para os funcionários e lhes agradeceu pela primeira lição daquele dia. Todos ainda estavam bastante ocupados e o falatório sobre o ponto marcado por Eduardo naquela manhã ainda corria pelo prédio.

Ao longo do caminho para casa, Antonio estava pensativo. Nossos personal trainers mantêm o maior contato com os clientes e são, portanto, cruciais para causar a última impressão. Outra área de contato importante é a recepção. Será que estamos sendo tão cuidadosos como o pessoal do Hotel Regency no desenvolvimento de nossa cultura de atendimento? Será que precisaríamos realizar esse tipo de competição entre funcionários? Até que ponto oferecemos a eles a autonomia necessária? Autonomia e liberdade não são o mesmo? Por que não usamos o termo "liberdade"?

No assento do passageiro repousava o documento com os princípios do Hotel Regency Star.

Antonio imediatamente pensou em algo que acrescentaria à lista: estou comprometido a agir nos "momentos de oportunidade" com os quais deparar.

Hotel Regency Star – Princípios de orientação[4]

- Construo fortes relações e mantenho nossos hóspedes fiéis.
- Tenho autonomia para criar experiências únicas, inesquecíveis e pessoais com os clientes do hotel.
- Busco constantemente oportunidades para inovar e aprimorar as experiências do Hotel Regency Star.
- Tenho a oportunidade de aprender e crescer.
- Estou envolvido no planejamento do trabalho que me afeta como profissional.
- Assumo as dificuldades dos hóspedes dentro do hotel e imediatamente as soluciono.

Prestando mais atenção à estrada, concentrou-se nos tópicos daquela lista. Aqueles princípios são instrumentos de uso diário para a criação de uma cultura.

Durante os dias seguintes, Antonio aprendeu muito sobre musculação e até mesmo teve oportunidades de praticar e ajudar os clientes. Sempre que Letícia estava presente, ficava atento ao que ela fazia. Em várias oportunidades, ele a viu apresentando clientes uns para os outros. Ela sempre tinha tempo para cumprimentar a todos enquanto levava os alunos de um aparelho a outro e parava no meio do caminho para encorajá-los a se hidratar. O entusiasmo dela era simplesmente contagiante, enquanto muitos outros instrutores pareciam apenas realizar o trabalho de maneira mecânica.

Dois dias antes de terminar essa parte de seu treinamento, a diretora de RH, Cássia Bastos, finalmente apareceu e o encontrou, perguntando-lhe:

— Tem um momento para conversarmos, Antonio?

— Hein? Claro, Cássia. Tenho, sim. Como foi seu treinamento na filial do sul?

— Foi ótimo! Sou tão nova na região que tive dificuldades em encontrar a academia. O sul é muito diferente. Bem, por que não vem comigo e me diz o que tem feito?

Antonio descreveu a recepção, o trabalho no setor de musculação e sua visita ao Hotel Regency Star. Então, decidiu compartilhar com Cássia suas preocupações com alguns instrutores.

— Cássia, não pude deixar de reparar a grande diferença entre os profissionais. Temos a Letícia, que entusiasma a todos e parece transformar a sala em uma comunidade. Mas, em torno dela, há outros instrutores que parecem simplesmente realizar um trabalho mecânico.

— Bem, não há testes aqui, mas, se existissem, você certamente teria passado com uma nota excelente. Quando fui contratada, a questão dos instrutores era um dos principais problemas. Você chegou a se encontrar com o responsável pelos instrutores?

— Não.

— É porque não temos um.

— Considero o RH como o departamento responsável por estabelecer uma cultura na empresa. A academia Araújo não alcançará todo seu potencial a menos que sejamos consistentes quanto ao serviço oferecido nas áreas de ginástica e musculação.

Mais tarde, Antonio terminou essa fase do rodízio percebendo que aquela área específica era outra importante zona de relacionamento e apresentava, todos os dias, centenas de "momentos de oportunidade" em potencial. Ele pensou: Para que possamos desenvolver a cultura que desejamos dentro da Academia Araújo, todos esses "momentos de oportunidade" devem ser aproveitados. Eles são como círculos abertos que esperam para ser fechados. Eles, de fato, precisam de tal fechamento.

Anotações de Antonio sobre a cultura da empresa

- Os "momentos de oportunidade" são como blocos de construção de uma cultura, além de terem o mesmo papel na construção de uma marca.
- O conjunto de princípios do Hotel Regency Star ajuda a explicar seu sucesso.

- A autonomia é a liberdade de fazer com que tudo aconteça no momento certo para os hóspedes e colegas, sempre que necessário.
- A sala de musculação está repleta de "momentos de oportunidade" não aproveitados.
- O RH pode orquestrar a construção de uma cultura, mas todos no negócio precisam estar envolvidos e comprometidos com sua execução.
- Os "momentos de oportunidade" são como círculos que esperam por um fechamento.

Chave 2: Plano de desenvolvimento do seu negócio

Acompanhamento de trabalho e discussões

1. Discuta a visão de sua empresa.
2. Descreva alguns "momentos de oportunidade" típicos que poderão ser experimentados por seus clientes dentro de sua empresa.
3. Descreva como está se saindo com esses "momentos de oportunidade" e como poderiam ser aprimorados.
4. Descreva sua atual cultura empresarial. Você está exatamente onde gostaria?
5. Como podemos nos assegurar de que "momentos de oportunidade" serão aproveitados como uma prioridade dentro do negócio?

Perguntas sobre seu negócio

1. Como você lida com "momentos de oportunidade" em relação a sua equipe, seus clientes e vendedores?
2. Descreva como pretende aprimorar a apresentação dos "momentos de oportunidade" para que cada um deles se torne especial.
3. Como pretende medir o sucesso e o fracasso nesta área?
4. Descreva seu plano.
5. Imagine seu empreendimento ao final dessas etapas. Como ele se parece do ponto de vista de um cliente em potencial?
6. Esboce ideias sobre como pretende sustentar essas diferenças ao longo dos próximos anos.

CHAVE 3
O monitoramento dos princípios

Existem certos fundamentos em cada empreendimento. Todos os negócios fazem suposições, estabelecem direções e objetivos, designam responsabilidade, medem realizações, registram o progresso, comunicam resultados e efetuam as mudanças necessárias. Embora esses procedimentos possam, de vez em quando, parecer rotineiros e desinteressantes, devem ser monitorados continuamente. Ciclos básicos devem ser constante e progressivamente fechados.

Na sexta-feira à noite, Antonio levou sua mãe para jantar. Ele discorreu sobre suas observações na sala de musculação e sobre seu sentimento particular sobre a perda de um grande número de oportunidades naquela área. Ela o ouviu atentamente. Então o informou sobre os dois grandes desafios na área de treinamento que ela própria enfrentava — a rotatividade e a falta de profissionais bem-treinados.

— Antonio, acredito que nossa nova diretora de RH seja a pessoa certa para fazer progressos nessa área. Ela compreende a importância da questão e é bastante inteligente. Então, deixemos de lado a questão da cultura e nos concentremos na próxima fase do seu rodízio. Há alguns anos, seu pai e eu convidamos um pequeno grupo de líderes empresariais daqui para uma reunião. Estávamos enfrentando alguns problemas e todos estavam relacionados ao fato de não oferecermos a devida atenção a algumas questões básicas. Era fácil perder a visão desses fundamentos, principalmente para alguém como seu pai, sempre com tantas ideias novas para colocar em prática. De fato, estávamos tão concentrados em implementar novidades que nos esquecemos de alguns princípios básicos. Isso quase nos custou o próprio negócio.

O grupo de fundamentos

— Naquela época — continuou Maria —, estávamos fazendo um treinamento na igreja para nos tornarmos facilitadores em um grupo de apoio que a igreja estava planejando criar para paroquianos desempregados. Como resultado daquele treinamento, nos conscientizamos sobre a importância dos grupos de apoio às pessoas. Então, decidimos sobre a necessidade de montar um grupo desse tipo para nos concentrarmos nos princípios da empresa. Convidamos um grupo de empresários que admirávamos para participar de uma reunião mensal. As primeiras reuniões ocorreram na universidade, pois Roberto foi nosso primeiro facilitador. O grupo recebeu o nome de "Grupo de Princípios Básicos" ou "GPB".

— O professor Oliveira era um participante? Ele ainda está envolvido?

— Ele participa ocasionalmente, mas seu primeiro passo foi verificar a necessidade de assumirmos a responsabilidade pelas reuniões como uma parte de nosso desenvolvimento pessoal. Como de costume, ele estava correto. Aprendemos muito sobre como conduzir uma reunião e também como lidar com conflitos e situações desse tipo.

— Interessante.

— Há mais de uma dúzia de empresas envolvidas nisso. Entre elas, há revendedoras de automóvel, consultórios dentários, um escritório de contabilidade, um hotel, um restaurante, uma empresa de lavagem de janelas franqueada, um banco, uma imobiliária e até uma pequena divisão da General Motors. Ser um membro requer mais que simplesmente comparecer às reuniões. Cada integrante deve ativamente participar fazendo o que poderíamos chamar de "tarefa de casa". Cada um de nós dentro do GPB teve o cuidado de estabelecer sua visão de seu próprio negócio e compartilhá-la com os demais membros. Todos nós, individualmente, desenvolvemos e dividimos informações sobre nossos objetivos, valores, planos de ação e métricas utilizadas para acompanhar o progresso. Preparamos regularmente relatórios sobre o progresso alcançado e discutimos desafios com o grupo. Essa foi uma das melhores atitudes que já tomamos. Em nossas reuniões, também temos uma experiência educativa. Os integrantes se revezam na busca por palestrantes, seminários e outras atividades para aprendizado.

— Eu sabia sobre as reuniões, mas não tinha ideia de que também estivessem estudando.

— E estamos em uma excelente escola. O GPB vive inteiramente no mundo real, Antonio. Estamos falando sobre nossa subsistência e sobre a fonte de receita para aqueles que contratamos. Não há falta de interesse. Todos nos sentimos motivados e engajados, pois essa é a nossa vida. Na segunda-feira, gostaria que você viesse comigo para uma de nossas reuniões. Eu apanho você no meu caminho para o centro. Que tal às 9h30?

— Para mim está perfeito. Acho que aprendi mais nessas últimas semanas que em um ano de faculdade, e esta me parece mais uma excelente chance de aprendizado. E não se trata apenas de teoria, mas também de prática.

— Ambas são muito importantes, Antonio. Há o momento certo para cada uma delas. Nós dois gostamos da prática, mas acredito que reconheçamos a importância do aprendizado acadêmico. A propósito, estou adorando todo esse processo, pois tem me estimulado a fazer coisas diferentes e eu acho que precisava disso. É tão fácil se acomodar. Além disso, tem sido bem interessante poder reencontrar pessoas e falar com elas.

A reunião do GPB

Antonio e sua mãe chegaram ao banco no centro da cidade exatamente às 10 horas. A guarda de segurança imediatamente reconheceu Maria e sorriu. Maria conversou com ela por alguns minutos e então seguiu, juntamente com o filho, para uma sala de conferências decorada com painéis de madeira. O local já estava cheio e Maria sentou-se em uma das cadeiras que ainda estavam livres, enquanto Antonio acomodou-se em um lugar próximo à parede. Imediatamente após ocupar seu lugar, Maria apresentou seu convidado.

— Olá a todos. Este é meu filho, Antonio, a quem vocês generosamente permitiram a participação em nossa reunião de hoje. Eu já o informei quanto às nossas atividades aqui. Sua presença faz parte do treinamento que está recebendo durante as férias.

Todos os que estavam presentes acenaram com a cabeça e cumprimentaram o rapaz. Na extremidade da mesa, havia um homem de pé, que logo se apresentou:

— Meu nome é Rafael Souza. Sou o proprietário da Empresa de Limpeza Souza e hoje presidirei nossa reunião. Por que não damos espaço para que Antonio se sente à mesa conosco?

Depois que todos já estavam prontos, os membros passaram a rever os eventos significativos em suas empresas durante o mês anterior. O gerente-geral de um restaurante reportou uma melhoria no processo de compra de matéria-prima que resultou na redução em 15% da produção de lixo. Em algumas ocasiões, uma pequena discussão se seguia após a apresentação e, em outras, passava-se para o próximo da sequência. Cada uma das exposições demonstrou algum progresso rumo aos objetivos das empresas.

Durante o trajeto de retorno à Academia Araújo, Antonio não conseguia parar de falar. Sua mãe raramente o via tão animado e pensou: Se ele consegue se animar assim com alguns fundamentos, certamente se dará bem nos negócios.

O grupo dos processos

Conforme estacionaram, Antonio perguntou à sua mãe sobre a tarefa que realizaria durante a semana.

— Não entendi qual será minha tarefa para esta semana. No programa está escrito apenas "grupos de processos". De que se trata?

— Você entenderá o que eles são em alguns instantes. Venha comigo.

— E o almoço?

— Não se preocupe, tudo já foi arranjado. Acha mesmo que o mataria de fome?

Antonio seguiu sua mãe até a sala de reuniões da academia. Conforme o rapaz entrou, logo percebeu a mesa repleta de sanduíches. A sala estava lotada e a maioria dos gerentes do clube já estava fazendo seus pratos. Sua mãe virou-se para ele e disse:

— O "grupo de processos" é a nossa versão do GPB. Uma vez que o GPB oferece resultados tão positivos em âmbito corporativo, acredito que o conceito deve funcionar muito bem para os departamentos. Temos feito essas reuniões há apenas quatro meses, e os gerentes adoram a oportunidade. Cumprimente a todos e preste atenção.

Antonio havia acabado de começar a cumprimentar os presentes quando Carlos Pinheiro, o gerente de desenvolvimento, pediu a todos que se sentassem. Antonio rapidamente fez um sanduíche, já que a reunião estava prestes a começar.

Logo o jovem percebeu semelhanças com a reunião da qual participara pela manhã. Cada departamento apresentou suas próprias metas e as métricas usadas para monitorar os processos. Ocasionalmente, outro gerente fazia alguma pergunta ou alguma observação quanto a objetivos em comum entre os departamentos, o que levaria a uma breve discussão de apoio para a solução de problemas. Antonio sentiu-se orgulhoso, pois aquela reunião parecia tão enriquecedora quanto a que havia assistido anteriormente. Logo pensou: Este "grupo de processos" está repleto de energia positiva. Engraçado... Não me lembro de ter visto nada sobre isso em minhas aulas. Discutimos apenas sobre círculos de qualidade.* Acho que essa energia surge do fato de discutirmos questões que fazem parte de nossa realidade dentro da empresa e que, por isso, são interessantes e importantes.

Antonio e sua mãe deixaram a sala de reuniões depois de uma hora de intenso trabalho.

— Muito bem, o que devo fazer no resto da semana?

— Você certamente adorará esta parte, filho. Será uma licença para o aprendizado. Quero que você visite cada um dos membros do nosso "grupo de processos" e lhes peça que expliquem sua visão da empresa, seus objetivos e métricas. Gostaria que compreendesse exatamente o modo como cada um deles vê seu trabalho e o que cada um considera importante. Mãos à obra!

---

* Trata-se de uma técnica de administração que divide os trabalhadores em grupos nos quais debatem sobre seus problemas profissionais e tentam encontrar meios para solucioná-los. (N.T.)

Anotações de Antonio sobre o GPB

- Um grupo de homens de negócios comprometido pode ajudar a todos os participantes a alcançar o sucesso.
- Trabalhar nos princípios é certamente uma atividade contínua.
- O grupo torna os princípios mais interessantes. Quando apresentamos nossos resultados a um grupo de pessoas na mesma situação e interessado em nosso sucesso, fatos positivos acontecem.
- Sempre há energia quando trabalhamos em questões reais.
- O "grupo de processos" produz uma energia natural.

Chave 3:
Plano de desenvolvimento do seu negócio

Acompanhamento de trabalho e discussões

1. Discuta a razão pela qual você se uniria a um grupo externo de não concorrentes de diversas áreas de atuação.
2. Descreva os motivos que o levariam a criar um "grupo interno de processos" dentro de sua empresa.

3. Liste as questões básicas e os problemas comuns a todos os negócios.
4. Liste assuntos que gostaria que fossem discutidos por um "grupo interno de processos".
5. Onde você encontraria um ou mais desses "grupos externos de processos"?

Perguntas sobre seu negócio

1. Pergunte e descubra se existem "grupos externos de processos". Tente se unir a um deles.
2. Se eles não existirem, como poderia criar um?
3. Liste cinco questões que gostaria de fazer a um "grupo externo de processos".
4. Liste-as em sua própria empresa e crie um problema mais sério que gostaria que fosse discutido em um "grupo interno de processos". Crie esses grupos.
5. Estabeleça um cronograma para as reuniões de seu "grupo interno".
6. Aja!

CHAVE 4
A padronização de processos importantes

Uma das melhores invenções nos negócios é a padronização de processos. Sem isso, cada evento seria tratado como uma nova ocorrência e pouco acabaria sendo feito. Em contrapartida, o que fosse realizado teria um resultado inconsistente. A padronização e a sistematização de procedimentos nos ajudam a fechar ciclos de modo que os efeitos sejam previsíveis.

Antonio acordou com o chamado de sua mãe:

— O café está na mesa e também as informações sobre sua próxima visita. Estou indo para o trabalho.

O rapaz disparou rumo à cozinha e pegou o recado: "Sua reunião é às 10 e meia, então leia o jornal. Você tem visitado seu pai ultimamente?"

Além do café, havia sobre a mesa um exemplar do jornal do dia. Ele o leria posteriormente, afinal, sua mãe o havia recordado de um importante ritual familiar.

Antonio decidiu começar seu dia no escritório de seu pai. Conforme abriu a porta, preparou-se para enfrentar as emoções que aquilo lhe causaria. Logo percebeu que as paredes ainda estavam recobertas por memórias. Tudo permanecia exatamente como no dia em que seu pai morrera. Sua mãe havia preferido manter aquele cômodo intocado.

Por todos os lados havia cartas e pôsteres, devidamente enquadrados, celebrando a abertura da primeira academia.

Pelo escritório, havia uma pilha de fotos coloridas e em preto e branco espalhadas, recobertas de poeira, além de itens variados que, juntos, pareciam uma bela colagem. Antonio captou aquela imagem em sua mente.

O primeiro dinheiro recebido na academia também estava enquadrado e pendurado bem no centro da parede principal. Cartões de clientes, funcionários e vendedores preenchiam os espaços vazios. Então, o rapaz murmurou para si mesmo: Bom dia, papai! Sinto tanto a sua falta. Quero que se orgulhe muito de mim.

Depois disso, Antonio retornou à cozinha e pegou o jornal. Por um momento, sentiu-se irritado por imaginar como estariam sendo as férias de Marina. Então, abriu o jornal e percebeu uma enorme seta vermelha apontando para um nome sublinhado na lista de funcionários do jornal. Estava claro que o próximo compromisso de Antonio seria com Cecília Pereira, a gerente de produção do jornal. Também em tinta vermelha estava escrito: "10 e meia da manhã."

O jornal

Antonio deveria ter prestado mais atenção. Cecília Pereira era difícil de ser localizada. Depois de se dirigir ao departamento editorial do jornal, que ficava no centro, foi redirecionado para praticamente o lado oposto da cidade, onde ficava o escritório de distribuição da empresa. Quando finalmente encontrou o local, já estava mais de uma hora atrasado. O rapaz sentou-se no tranquilo lobby do escritório, de onde conseguia ouvir (e sentir) o funcionamento das máquinas que operavam nas proximidades.

Ao aparecer alguns minutos depois, Cecília não parecia incomodada com o atraso de Antonio. O primeiro contato incluiu uma história surpreendente de como ela havia se tornado uma das primeiras clientes da Academia Araújo. Na verdade, Antonio se lembrou de ter visto uma fotografia dela no escritório de seu pai bem naquela manhã. Sua aparência jovial e saudável demonstrava que ela levava a sério as horas que passava na academia.

— Não me surpreende que tenha ido primeiro ao escritório central. Metade da cidade nem sabe que nós existimos! Cecília Pereira não estava exatamente gritando, mas também não tinha uma voz que se pudesse descrever como delicada. — Como vai sua mãe?

A pergunta pegou Antonio de surpresa, já que aquela mulher não parecia ter tempo para qualquer outra coisa além de negócios. De qualquer modo, ele respondeu: — Está ótima, obrigado por perguntar.

Cecília continuou a falar enquanto ambos passaram a circular pelo prédio em um carrinho especial, que se mantinha em uma trilha determinada por duas linhas amarelas. Durante 45 minutos, os dois fizeram uma incrível turnê por vários galpões enormes, que mais se pareciam hangares, repletos de máquinas gigantescas e barulhentas. Havia uma espécie de sistema de encanamento que se estendia em todas as direções.

— Tinta — disse Cecília, apontando para os canos. — Usamos a técnica de offset para impressão em cores. Para isso, precisamos de uma placa de impressão plana, com duas divisões, sendo cada uma delas quimicamente diferente da outra. As áreas sem imagem são atraídas para a água enquanto as que possuem imagens são atraídas pelo óleo. A tinta a base de óleo molha a área da imagem enquanto a área sem imagem é umedecida por uma solução à base de água. Simples, não é?

Antonio ouviu toda a explicação atenta e educadamente, mas começou a se perguntar o que exatamente precisaria aprender naquele lugar. Então, ela continuou:

— Depois de tudo terminado, o material é empacotado, carregado e levado de caminhão para os centros de distribuição ao longo da área do metrô. De lá, os transportadores locais transferem os jornais para os vendedores, para as máquinas e para os entregadores, que levam o jornal até sua casa. Seu exemplar só chega na hora certa por causa de um longo sistema totalmente sincronizado. Tudo é sistematizado.

Então, Cecília levou o rapaz até uma sala de café, onde ambos se sentaram próximos a uma mesa de fórmica e Antonio retirou os pesados protetores de ouvido.

— O que acha? O que aprendeu em nossa pequena turnê?

— Bem, isto está claro: o processo que acabei de testemunhar parece inacreditavelmente complexo!

— Parece complicado porque você está em apenas um dos sistemas. Se estivesse dentro do sistema que coloca um pedido efetuado por um cliente, certamente lhe pareceria igualmente complicado. Quando estamos de fora, apenas fazemos o pedido e aguardamos tranquilamente por uma resposta. Sempre funciona. Do lado de fora, tudo parece muito simples. Contudo, não é isso o que você veio ver aqui. O jornal que foi entregue em sua residência, supostamente no horário correto, é o resultado do encadeamento de três sistemas básicos: redação, impressão e entrega. Nossa área é a impressão. Esses três sistemas conectados levam a outro ainda maior, responsável pela entrega dos jornais no horário certo, diariamente, o ano todo. Contudo, nenhum sistema serviria de absolutamente nada se não fosse o controle de qualidade apropriado. Cada fase requer algum tipo de supervisão, ou o produto final poderia ficar comprometido. A razão para você estar aqui é bastante simples e absolutamente não complexa. Sem sistematização, essa tarefa seria impraticável. A padronização dos sistemas nos permite operar em grande escala e atender aos prazos estabelecidos durante todo o processo. Diga-me: quando seu jornal atrasa, que parte do processo você considera responsável?

— Bem, eu diria o setor de entrega.

— Exatamente! Mas por quê?

— Bem, a redação é feita por profissionais que contam com a tecnologia usada diariamente. A impressão depende de se manter os equipamentos funcionando, o que também é feito por profissionais. Já a entrega pode não ocorrer em razão de um motorista que ficou doente, do trânsito, das condições do tempo e de inúmeras outras variáveis que são difíceis de controlar.

— Vejo que a maçã não caiu tão longe da árvore!

Ambos conversaram um pouco mais e Cecília contou a Antonio como havia conhecido o pai dele enquanto ambos tomavam um café intragável. Mas foram as últimas palavras de Cecília que permaneceram em sua mente: Que sistemas padronizados permitem que a Araújo opere adequadamente?

As operações dentro da Academia Araújo

No dia seguinte, ao chegar à filial do sul, Antonio imediatamente se reportou à gerente da academia, Cristina Almeida. Levava consigo a última pergunta que Cecília Pereira lhe havia feito. Então, ambos se sentaram para conversar.

— Maria me contou sobre o que tem feito, Antonio. Como posso ajudá-lo?

— Bem, estou tentando compreender a natureza dos sistemas padronizados dentro da Academia Araújo e por que são importantes. Ontem estive no setor de impressão do jornal daqui e foi muito fácil observar os sistemas em funcionamento e perceber como o encadeamento é importante. Contudo, não é tão fácil entender por que essa padronização é importante aqui.

— E por que diz isso?

— Nossos clientes precisam de atenção individualizada e não de um conjunto de instruções. Sinto que, se tivéssemos um roteiro que guiasse nossos clientes em suas rotinas, isso seria totalmente artificial.

— Pense por um momento na área editorial do jornal. Acha que os redatores têm menos liberdade em escolher um assunto para sua matéria simplesmente porque têm um prazo para entregá-la?

— Absolutamente. Um redator não toleraria nada que afetasse a liberdade de imprensa. Entendo o que quer dizer. Os editores e redatores operam com liberdade dentro de um sistema repleto de prazos.

— Que tal darmos uma volta? — Cristina levou Antonio até um local próximo da recepção e disse em voz baixa: — Vamos ficar aqui e observar o que acontece.

Depois de algum tempo e da passagem de cerca de uma dúzia de clientes pelo balcão, Tina o convidou para que se sentassem em uma das mesinhas desocupadas: — O que você viu?

— Clientes da academia chegando e saindo.

— Como o sistema controla o comportamento do atendente e do cliente?

— Todos precisar se registrar.

— E, nesse caso, onde está a liberdade que se assemelha àquela dos redatores?

— Alguém já lhe disse que daria uma excelente professora universitária?

Cristina sorriu e respondeu: — Não ultimamente. A pergunta é difícil demais?

— Bem, felizmente já passei algum tempo trabalhando na recepção. Acho que a liberdade está no modo como recebemos os clientes e na interação que ocorre enquanto fazemos o registro.

— Alguém já lhe disse que você é um ótimo aluno?

— Isso eu ouço o tempo todo.

— Tenho certeza disso. E o que mais observou?

— Alguns dos clientes estavam lá aguardando pelos instrutores individuais e tiveram de esperar um pouco mais. Depois disso, receberam um recibo.

— Certo. E qual é o sistema por trás desse recibo?

— Creio que eles se inscrevem para um número de sessões com determinado instrutor. Quanto maior o número de sessões, mais alto é o desconto por sessão. O recibo é evidência de que uma das aulas já foi ministrada.

— Exatamente. E o sistema de folha de pagamento atualiza o controle individual do instrutor e o registro do membro. Consegue imaginar como seria se todos esses acordos fossem apenas verbais? Suponhamos que determinado cliente chegue para uma sessão e o instrutor peça ao recepcionista que faça uma anotação. Muitas academias trabalham dessa maneira.

— Entendo. O instrutor poderia se esquecer de solicitar o registro. Também seria possível que algum dos funcionários recebesse pessoalmente o dinheiro, cobrasse a mais e até burlasse o sistema.

— Nossa equipe de profissionais é, em sua maioria, formada por homens e mulheres íntegros. O sistema não está aqui para julgar ninguém; é apenas um meio de fazer negócios adequadamente. É como o caixa do banco que conta duas vezes o dinheiro e checa seu documento antes de permitir que efetue um saque. O sistema protege os negócios e constrói confiança.

— Compreendo.

— Existem alguns sistemas relacionados que podem interessá-lo. Cada novo cliente passa por uma avaliação e lhe é oferecida uma seção gratuita com um de nossos instrutores. O objetivo dessa seção é começar a trabalhar nos pontos problemáticos identificados na avaliação. O subproduto dessa aula é fazer com que todos os membros conheçam os serviços individuais disponíveis. Temos ainda outro sistema ao qual denominamos "Nós nos importamos com você". Se um dos clientes deixa de comparecer por três semanas, entramos em contato por telefone. Sabemos que membros que deixam de frequentar a academia por algum tempo estão mais propensos a desistir. Um funcionário liga e pergunta se os serviços oferecidos têm sido satisfatórios e se há algo que possamos fazer para ajudá-los a retornar ao programa. Depois dessa ligação, uma camiseta lhes é enviada gratuitamente, com os seguintes dizeres: "Eu me exercito na Araújo". Este é um toque pessoal que faz toda a diferença.

Anotações de Antonio sobre a padronização de processos

- Na Academia Araújo, existem sistemas padronizados para registro dos clientes, cobrança, manutenção, limpeza e abertura de novas filiais.
- O sistema não controla o comportamento daqueles que o utilizam, mas oferece espaço para a expressão individual.
- Ele mantém o controle de qualidade em todos os níveis.
- Todo serviço oferecido é uma combinação de vários outros serviços menores.
- Para que um grande ciclo seja fechado, os pequenos devem ser encerrados primeiramente.

Chave 4:
Plano de desenvolvimento do seu negócio

Acompanhamento de trabalho e discussões

1. Discuta com sua equipe por que a padronização de processos é importante em seu negócio.
2. Faça uma lista de todas as atividades de caráter gerencial que gostaria de implementar de modo a aprimorar a receita do empreendimento, mas não consegue pelo fato de estar muito ocupado com afazeres diários.

3. Relacione as áreas nas quais processos padronizados foram aplicados positivamente em seu empreendimento.
4. Liste as áreas nas quais precisa de ajuda.

Perguntas sobre seu negócio

1. Faça uma lista concreta de processos que precisam de padronização.
2. Pesquise o melhor modo de fazê-lo (usando recursos internos ou externos).
3. Avalie quanto tempo esse novo sistema proporcionará a você mesmo e às pessoas-chave que irão utilizá-lo.
4. Calcule o custo-benefício da implementação desse processo para o aumento da produtividade.
5. Estabeleça as prioridades mantendo o que for mais lucrativo no topo da lista.
6. Padronize o primeiro item da lista e prossiga em relação aos outros.

CHAVE 5
Inovação

O conceito "cresça ou desapareça" é geralmente incompreendido como filosofia. Não diz respeito a se tornar cada vez maior (já que o tamanho de uma empresa é sua dimensão menos importante), mas a se tornar melhor. Permanecer imóvel é a receita para o retrocesso. Independentemente do termo utilizado — kaizen, "aprimoramento contínuo" ou qualquer outro —, a inovação é um ingrediente essencial em qualquer empreendimento.*

Antonio foi instruído a permanecer em casa e aguardar uma ligação. Portanto, assim que o telefone tocou ele prontamente o atendeu.

— Por gentileza, o senhor Antonio Araújo Junior?

A voz do outro lado da linha parecia formal e enérgica, o que fez Antonio imaginar imediatamente a figura de um mordomo.

— Sou eu — respondeu Antonio, procurando manter-se sério.

— Senhor Araújo, meu nome é Teodoro Hoff, mestre de cerimônias do restaurante The Silver Plate. Estou ligando para confirmar seu *brunch* de negócios às 10 horas da manhã.

* Palavra de origem japonesa cujo significado é "melhoria contínua e gradual, tanto na vida privada como profissional". (N.T.)

Antonio ficou surpreso ao saber que seu pai conhecera alguém no restaurante mais sofisticado da cidade; contudo, ao olhar para o relógio, logo observou o convite por uma diferente perspectiva.

— Sim, claro... O senhor disse às 10 horas? Bem, minha casa fica do outro lado da cidade, então acho melhor sair imediatamente. Qual é o endereço, por gentileza? Nunca estive...

Nesse momento, seu interlocutor interrompeu-o de maneira gentil, mas firme.

— Não se preocupe, senhor. Se me permite, gostaria de sugerir que olhasse pela janela. Acredito que o carro do restaurante já o está aguardando em frente à sua residência.

— Um carro? Está brincando! — Antonio já podia até imaginar a expressão no rosto do senhor Hoff enquanto olhava pela janela e se deparava com uma reluzente limusine branca estacionada bem em frente à sua casa.

Antonio imediatamente desligou o telefone, pegou seu caderno de anotações e correu para a porta. Ao chegar ao restaurante The Silver Plate, logo percebeu que a casa ainda não estava aberta ao público. O lugar parecia caótico, como uma área de construção! Atrás de uma longa fila de caminhões, furgões e outros veículos, havia inúmeros trabalhadores carregando equipamentos e tábuas.

O motorista voltou-se para ele e disse:

— Chegamos ao seu destino, senhor. Fui instruído a lhe dizer que o senhor Hoff o receberá no restaurante. Foi um enorme prazer servi-lo, senhor.

— Ah... sim, igualmente, com certeza. Minha mãe combinou algo sobre gorjeta?

— Não se preocupe, senhor, isso já foi arranjado. Obrigado por perguntar, senhor.

Antonio sentiu-se aliviado, pois não carregava dinheiro consigo. Imediatamente após sair do veículo deparou-se com o mestre de cerimônias do restaurante, o senhor Hoff, trajando um belo smoking e observando os trabalhadores com uma expressão carrancuda. Somente depois de alguns segundos ele percebeu a presença do rapaz, sem macacão ou capacete de segurança, e imediatamente ostentou um amplo sorriso profissional.

— Ah, senhor Araújo, eu presumo. Seja bem-vindo, o senhor está sendo esperado. Siga-me, por gentileza, e desconsidere toda essa confusão. É um mal necessário.

O barulho ensurdecedor da construção continuou durante todo o brunch. Antonio acabara de saborear uma deliciosa torta de morangos quando um dos garçons apareceu e imediatamente removeu os pratos. A sincronia dos serviços era quase assombrosa, a ponto de Antonio imaginar que ou alguém no salão o observava permanentemente ou havia uma missão da NASA controlando seus movimentos via satélite. É bem verdade que ele era o único cliente no restaurante naquele horário, mas já havia escutado o suficiente sobre o The Silver Plate para saber que aquele era o procedimento padrão.

— Gostaria de mais alguma coisa, senhor? — perguntou o sorridente garçom. — Temos uma elegante seleção de digestivos, desde cafés italianos a...

— Um cafezinho expresso já é suficiente.

O garçom imediatamente serviu-lhe um sofisticado café europeu, cujo gosto pareceu-lhe amargo para o seu estilo pouco refinado, mas lhe garantiu a energia necessária. No momento em que ele bebia o último gole, Hoff reapareceu, dessa vez vestido como um sargento. Ele recebeu os inúmeros elogios de Antonio em relação ao serviço enquanto o conduzia para longe da mesa.

— Esplêndido! Nosso chef ficará feliz em saber que seu novo prato especial foi aprovado.

— Não apenas aprovado! Aquele filé ao molho de mel estava simplesmente delicioso!

— Isso é ótimo!

Passaram cerca de noventa segundos até que Antonio percebesse que deveria seguir o senhor Hoff. Perguntas eram aceitas por seu anfitrião desde que não fossem estúpidas e se mantivessem em número reduzido.

O destino foi o vestiário dos funcionários, onde uma mulher cujo crachá ostentava "Clara Lima — supervisora de salão" tentava controlar um enorme e barulhento grupo de cozinheiros, garçons, garçonetes e outros funcionários. O ruído das conversas e brincadeiras era ensurdecedor, e a atmosfera fazia lembrar uma festa.

— Pessoal, por favor! Silêncio, por favor!

Nada ia bem naquele momento.

Então, Hoff colocou a mão no ombro da supervisora e suspirou, demonstrando irritação. Em seguida, bateu palmas duas vezes, chamando a atenção de todos. Em questão de segundos, o local estava em silêncio (exceto pelo ruído da construção). Todos agora encaravam o mestre de cerimônias. Os ajudantes de garçom não apenas estavam em silêncio, mas apavorados, o que demonstrava que aquele estilo de liderança funcionava.

— Senhoras e senhores, se vocês puderem, sejam gentis e prestem atenção ao que a senhora Clara Lima tem a dizer, acredito que ela tenha alguns anúncios importantes a fazer sobre os temas gastronômicos para este mês. Clara?

Hoff deu um passo atrás enquanto a supervisora se preparava para falar.

— Obrigada, senhor Hoff — ela olhou para o mestre e imediatamente encarou os funcionários. — Bem, todos já receberam seus uniformes e, a julgar pelo barulho, creio que gostaram.

Vários funcionários demonstraram aprovação e logo Clara Lima levantou as mãos para abafar a celebração antes que tudo saísse novamente de controle.

— Ótimo, apenas quero me certificar de que todos nós estamos no caminho certo. Vejo que Gisele acabou de distribuir o tema. Gostaria de resumir o pacote para este mês, e então responderemos a quaisquer perguntas que surgirem.

Hoff imediatamente entregou a Antonio uma cópia do folheto no qual estava escrito: "Tema gastronômico: céus de primavera", e disse:

— Aqui está, senhor Araújo, para que possa acompanhar a reunião.

Antonio examinou o folheto enquanto Clara falava aos empregados e imediatamente começou a compreender a razão pela qual todos os que frequentavam o restaurante geralmente descreviam a experiência como algo refrescante e excitante.

O restaurante The Silver Plate — que já ocupava uma posição de destaque em sua categoria — elevou sua excelência a um grau jamais visto. A cada mês, o restaurante adotava um tema gastronômico — como o tema "céus de primavera" — que acrescentava aos seus pratos um quê especial.

O cardápio, além de contar com ajustes sutis na decoração de alguns pratos e alterações que os ligavam ao novo tema, passou a oferecer novas opções, o que justificava o título de "opção gourmet" em alguns deles.

Para Antonio, todas aquelas medidas pareciam inteligentes e ofereciam aos clientes uma experiência de alto nível enquanto impediam que o local se tornasse popular e lotasse.

Então, Clara continuou, mais uma vez em meio ao barulho da construção em uma das alas do restaurante:

— A paciência que todos demonstraram durante as obras foi simplesmente fantástica. Segundo o chefe da equipe de obras, tudo estará terminado até as 16 horas; portanto, o evento de abertura do novo terraço ao ar livre esta noite promete ser maravilhoso. Todos já receberam seus novos uniformes, então, tenham um ótimo dia! E, seguindo nossa tradição, vamos terminar nossa reunião respondendo em voz alta: Por que fazemos isso?

Ao que todos responderam juntos:

— Porque aqui ninguém fica parado!

— Certo! Porque...

— Porque nossos clientes são pessoas dinâmicas e têm demandas constantes! Devemos mudar para nos manter no mesmo ritmo! Devemos criar nossa própria obsolescência.

— Certo! E se não o fizermos?

— Outros o farão!

Enquanto Antonio fazia algumas anotações, o lugar novamente tornou-se barulhento, já que todos se cumprimentavam e celebravam. Quando finalmente todos dispersaram, ele aguardou até que o senhor Hoff terminasse de conversar com a supervisora e se aproximasse.

— Isso foi fantástico! Será que posso dar uma olhada no terraço?

— De jeito nenhum! Não podemos deixar que estranhos fiquem no caminho em um momento tão importante — disse Teodoro Hoff, enrugando o nariz.

— Desculpe! Acho que me deixei levar pelo entusiasmo geral.

— Acho que você foi exposto a todos os detalhes solicitados por sua mãe. Permita-me acompanhá-lo até o carro.

Por um momento, Antonio ficou preocupado com a possibilidade de ter ofendido o mestre de cerimônias e tentou se desculpar. Teodoro, contudo, assegurou ao rapaz que nenhuma ofensa havia ocorrido. Ele não encarava o fato de ser visto como um mordomo de modo negativo e até fez questão de dizer que tal postura era, de fato, desejada. Segundo ele, o restaurante precisava de tal disciplina (embora Antonio não tivesse visto mais ninguém agindo como Teodoro no local). Pelo menos, Hoff explicou a palavra obsolescência: prever sua própria rota rumo a se tornar antiquado. Para evitar isso, é preciso que permaneçamos inovadores, vitais e estimulantes junto aos nossos clientes.

Teodoro não forneceu nenhuma informação quanto ao tipo de relacionamento que tivera com os pais de Antonio, apenas desconversou, dizendo: Verdadeiros cavalheiros não precisam mergulhar no passado para demonstrar um novo conhecimento ou responsabilidade.

Depois de levar Antonio até a limusine que o aguardava, o mestre de cerimônias deu meia-volta e retornou ao restaurante.

O rapaz sublinhou uma única frase em seu caderno: "A inovação é o coração dos negócios".

Sua semana no setor de manutenção ganhou significado especial. Antonio percebeu que cada departamento da academia era uma fonte de inovação e que o trabalho de manutenção e limpeza é visível a todos que entram nas dependências.

Agora, sempre que olhava as novas saboneteiras do vestiário, percebia um exemplo de inovação que, além de garantir melhor aparência aos boxes de banho, gerava também redução nas despesas. Melhorias são certamente observadas pelos clientes; portanto, a palavra de ordem é *inovação*!

Anotações de Antonio sobre inovação

- A inovação é o coração dos negócios.
- Os clientes são dinâmicos e suas necessidades sempre mudam.
- Ou inovamos nos negócios ou perdemos terreno para os concorrentes, pois eles certamente estão inovando.
- Planeje sua própria obsolescência.
- Ensine a seu pessoal os princípios da inovação.
- Respeite todas as ideias.

Chave 5:
Plano de desenvolvimento do seu negócio

Acompanhamento de trabalho e discussões

1. Discuta o significado da frase: "Planeje sua obsolescência."
2. O que significa: "Nos negócios, não se pode ficar parado"?
3. Liste três inovações que você implementou nos últimos cinco anos e os efeitos que causaram em seus negócios.
4. Liste áreas em seu empreendimento que obviamente precisam de inovação.
5. Liste áreas nas quais a necessidade não é tão óbvia.

Perguntas sobre seu negócio

1. Faça uma lista de áreas que precisam de inovação.
2. Reúna-se com sua equipe e complete essa lista com dados sobre outras áreas que precisam de inovações.
3. Avalie a importância de cada uma. Qual é o custo? Que efeito cada uma delas terá sobre seus negócios e qual será o retorno sobre o investimento?
4. Estabeleça uma lista de prioridades e organize um cronograma para iniciar essas mudanças.
5. Comece pelo 1º item da lista e siga até o último.

CHAVE 6
Viva no mundo real

Viver no mundo real significa estar pronto para o inesperado, ou seja, deixar sempre margens para possíveis erros. É importante que se tenha sempre um plano B e, até mesmo, um plano C.

Parecia que a visita à clínica terminaria antes mesmo de começar. O cartão que Antonio recebera indicava um encontro com a doutora Barbara Silva às 10h30. Portanto, foi nesse horário que o rapaz se apresentou em seu consultório, preocupado com a pouca flexibilidade da agenda dos médicos. Ele sentiu-se um pouco culpado; aquela mulher superatarefada o estava encaixando entre as inúmeras consultas agendadas para aquele dia.

Antonio havia acabado de se apresentar a Bernardo, um jovem que aparentava sua idade e que ocupava o cargo de gerente da clínica, quando a doutora Bárbara Silva apareceu na recepção e o cumprimentou.

— Olá, Antonio — a médica era uma mulher alta e em boa forma física, como todos os outros amigos de seu pai que visitara até aquele momento. Se eles ainda eram clientes da Academia Araújo, certamente estavam matriculados em outras filiais ou frequentavam horários nos quais Antonio não estava presente, pois ele jamais os vira antes na academia. Este era exatamente o caso da doutora Bárbara.

— Frequento a filial do centro da cidade todos os dias às 5 horas da manhã antes de começar a trabalhar. É uma das horas mais importantes do dia, e sua mãe é uma de minhas inspirações.

— Sei o que quer dizer. Eu mesmo não consigo acompanhar seu ritmo na ginástica.

A doutora Bárbara não usava o típico traje branco dos médicos, apenas roupas casuais. Um grande estetoscópio completava sua imagem e não deixava dúvidas quanto à sua profissão.

— Gostaria de agradecê-la pelo tempo que está dispensando comigo. Posso imaginar quão ocupada você...

Exatamente nesse momento, o celular da médica soou e o interrompeu. A médica riu e disse: — Bem, se já não imaginasse, acho que agora saberia perfeitamente como é!

Nesse momento, ela checou o recado e retornou o dispositivo ao seu cinto, realizando um movimento automático. Ela então se voltou a Bernardo, que ansiosamente esperava do outro lado do balcão:

— É da emergência. Estão solicitando minha presença. O doutor Julio provavelmente já tem os resultados da ressonância magnética da PED de MVA. Peça ao doutor Erasmo que continue com o atendimento das 11 horas. Eu ligarei para dar notícias.

Ben pegou a prancheta das mãos da médica e perguntou:

— E o que digo à senhora Liliane Couto? Ela certamente não sairá daqui até que você converse com ela sobre os resultados do teste de colesterol.

— Se ela quiser aguardar pelo meu retorno na sala 3, tudo bem. Apenas se certifique de que ela tenha um estoque de revistas para ler; pedirei ao laboratório que envie os resultados diretamente para a emergência. Se não conseguir retornar em tempo hábil, eu ligarei avisando.

— Está ótimo, doutora. Boa sorte!

A médica pareceu aflita, mas logo se mostrou confiante em relação às prioridades.

— Receio que isso não seja uma surpresa, Antonio, mas não se preocupe com sua lição. Utilizaremos o plano B, e Bernardo lhe mostrará algumas coisas. Foi ótimo conhecê-lo.

Antes que Antonio pudesse dizer uma única palavra, a doutora Bárbara desapareceu. Um pouco antes de Bernardo poder encontrá-lo na sala de espera, Antonio observou algo estranho. Havia ali cerca de quatro ou cinco pacientes da doutora Bárbara, e todos estavam lendo revistas... ou, pelo menos, fingindo fazê-lo. Em uma atitude típica da natureza humana, todos se voltaram para o diálogo entre a médica e o rapaz. Mesmo assim, nenhum daqueles pacientes moveu um músculo quando a doutora Bárbara saiu. Antonio ficou surpreso ao não perceber quaisquer sinais de frustração, suspiros, troca de olhares ou demonstrações de impaciência. Será que não perceberam que suas consultas haviam acabado de ser canceladas? Não repararam que teriam de esperar por pelo menos uma hora?

De repente, uma porta se abriu e um senhor um pouco careca e em trajes brancos, em cujo crachá estava escrito "Dr. Julio", chamou:

— Senhora Vivian Maia?

Naquele momento, uma sorridente senhora levantou-se e dirigiu-se à sala de atendimento.

Imediatamente Antonio pensou: "Não era de se estranhar que ninguém tivesse se preocupado, afinal, todos aqueles pacientes deviam estar ali para ver o doutor Julio, e não a doutora Bárbara". Errado!

Todas as perguntas de Antonio foram respondidas quando ele se acomodou no escritório de Bernardo e percebeu a movimentação do gerente, que perambulava sem parar entre os arquivos e os telefones. Outros membros da equipe o ajudavam; enfermeiras e técnicos de laboratório andavam de um lado para o outro nos corredores e salas de exame.

— PED é a abreviatura de pediatria ou paciente pediátrico. A doutora Bárbara não é pediatra, mas já teve bastante experiência na área de traumatologia infantil antes de se concentrar em medicina de família. O médico da emergência a chamou pelo fato de o paciente ser de fora da cidade; além disso, ela também já havia sido convocada para cuidar do irmão. O termo MVA significa acidente automobilístico.

— Espero que eles fiquem bem.

— Os relatórios iniciais são positivos.

Antonio sentiu-se aliviado. Ele não esperava deparar com esse tipo de situação... apenas exames de rotina, alergias, dores de garganta etc. Porém, a realidade se apresentou de modo inesperado.

— Então, se a doutora não retornar ao consultório, como lidará com todos esses pacientes?

— Plano B. Sabemos que a doutora Bárbara será chamada ao hospital algumas vezes. Contudo, a clínica precisa continuar funcionando.

Ben ofereceu todas aquelas explicações e forneceu ainda muitos outros dados importantes. Ele disse, por exemplo, que praticamente todos aqueles pacientes na sala de espera aguardavam pela doutora Bárbara.

O doutor Júlio, sócio da médica, estava ali de prontidão para dar continuidade ao atendimento caso fosse necessário. Trabalhando em um sistema de plantões, todos os médicos da equipe estavam prontos para responder às necessidades da emergência e, ao mesmo tempo, garantir o atendimento de todos os pacientes da clínica. Além disso, metade dos indivíduos que ali se encontravam aguardava apenas para se certificar de que estavam em bom estado de saúde e realizar check-ups de rotina. Bernardo prosseguiu em seus esclarecimentos:

— Diferentemente de 90% dos outros médicos e dentistas, não tentamos maximizar o número de atendimentos, mas a qualidade do serviço oferecido ao paciente. Uma vez que o fazemos de maneira consistente, nossos pacientes também nos dão certa "folga" e compreendem quando a situação se torna crítica.

Ben continuou suas explicações, mostrando-se orgulhoso.

— A taxa de comparecimento de nossos pacientes é de 95%, e o fato de termos sempre um médico de plantão nos permite atender a praticamente todos com uma margem de cinco minutos do horário agendado.

Antonio passou os próximos noventa minutos apreciando o fluxo de pacientes dentro do processo de atendimento de plantão. Depois de ter visto tudo o que esperava, abriu uma página em branco em seu caderno e preparou-se para fazer algumas anotações, lembrando-se especificamente de um comentário de Bernardo: Empreendimentos de sucesso aceitam o mundo como ele é, não como deveria ser.

A visita ao consultório não poderia ter sido feita em momento mais apropriado, já que o próximo compromisso de Antonio, em seu rodízio, era acompanhar o grupo de funcionários responsável pela inauguração da nova filial. Essa seria uma excelente oportunidade para aplicar todas as lições aprendidas em relação ao "mundo real", já que essas ocasiões sempre estão repletas de surpresas.

Antonio logo descobriu que o grupo responsável já havia estabelecido um plano de segurança, que incluía a convocação de mais funcionários, a compra de uma quantidade extra de petiscos, a reserva de equipamentos sobressalentes, a possibilidade de um número excedente de carros no estacionamento, a existência de fundos extras para o evento e, até mesmo, planos de contingência para os casos de mau tempo, problemas de embarque e desembarque de passageiros etc. Antonio também contribuiu, sugerindo que a troca de pessoal ocorresse com uma hora de folga para que não houvesse problemas de comunicação e continuidade nos atendimentos.

Anotações de Antonio sobre viver no mundo real

- Aceite a realidade. Deixe margens de segurança, tanto em termos de tempo como de disponibilização de fundos.
- Empreendimentos de sucesso aceitam o mundo como ele é, e não como deveria ser. Eles encerram seus ciclos planejando e atuando de maneira adequada.
- Planeje bem e verifique seu progresso ao longo do caminho.
- Trabalhe dentro das circunstâncias do mundo real.
- Esteja pronto para o inesperado.
- Compreenda que, o que quer que aconteça, de fato já aconteceu. Não pode ser desfeito, somente resolvido. Desse modo, o inesperado se torna apenas material que nos permite demonstrar nossa flexibilidade e perspicácia.

Chave 6:
Plano de desenvolvimento do seu negócio

Acompanhamento de trabalho e discussões

1. Discuta o conceito de margens de segurança e o modo como afetam as pessoas e os negócios.
2. O que pode ser feito se um indivíduo precisa lidar com um grande fluxo de clientes diariamente?

3. Como podemos comparar o ato de exercitar nosso corpo com o de deixar margens de segurança?
4. Liste áreas em seu empreendimento que obviamente precisam de aprimoramentos em termos de margens.
5. Discuta como a existência de um plano B já o ajudou em um projeto no passado.

Perguntas sobre seu negócio

1. Faça uma lista das áreas e procedimentos que precisam de margens de segurança maiores e/ou um plano B.
2. Reúna-se com seu pessoal e complete esta lista, incluindo outras áreas que precisam de margens mais amplas e/ou planos B.
3. Avalie a importância de cada uma delas. Qual será o custo? Se houver custos, quais serão os efeitos sobre seu negócio?
4. Estabeleça uma lista de prioridades e um cronograma de treinamento e implementação.
5. Comece pelo primeiro item de sua lista e, então, siga em frente com os demais. Permita-se ocupar o tempo necessário para que tudo seja feito adequadamente.
6. Reavalie os vários projetos que estiverem em andamento em seu empreendimento, que provavelmente deveriam contar com um plano B. Desenvolva tais planos conforme achar adequado.

CHAVE 7
A liderança pelo exemplo

O ato de liderar pelo exemplo comunica aos funcionários uma poderosíssima mensagem sobre integridade e lhes serve de profunda inspiração. Portanto, se bons exemplos forem oferecidos, sua liderança se tornará inquestionável e segura.

Durante o jantar, Antonio foi questionado sobre seus planos para a última parte do rodízio. Sua mãe deixara isso propositalmente sob sua responsabilidade, pois imaginava que, após ter passado por todas as fases anteriores, Antonio já estaria pronto para apresentar suas próprias ideias. E, de fato, ele estava.

— Bem, mamãe, acho que lhe apresentarei minhas ideias amanhã cedo. Já tenho alguns planos bem claros, mas gostaria de pensar um pouco mais a respeito.

Ela sugeriu que ambos celebrassem o sucesso alcançado nas férias com um fabuloso café da manhã em um restaurante. Ela sugeriu que ambos se encontrassem às 9 horas, depois de sua reunião matinal com a equipe, e o informou que um táxi o apanharia às 8 e meia. Antonio considerou aquela ideia estranha, mas estava cansado e não levou o assunto adiante. Na manhã seguinte, um táxi velho e caindo aos pedaços parou em frente à sua casa.

— Aqui estou — disse ao motorista enquanto este dava ré.

O motorista, um homem de cerca de 50 anos, acima do peso e bastante desleixado, inclinou a cabeça na direção de Antonio demonstrando certa inquietação, como se tivesse achado que o rapaz fosse um assaltante. Sua expressão de surpresa incluiu palavrões variados e pronunciados em alto e bom tom, além de impublicáveis, e um aceno impaciente para que Antonio se sentasse no banco de trás.

O diálogo superficial e até grosseiro do tipo "E aí cara, como vai? Vamos nessa!" acabou se tornando o ponto alto da conversa. Pelos próximos trinta minutos, Antonio teve de escutar uma enxurrada de informações desnecessárias e deprimentes. O homem não entendia as indiretas do rapaz, apenas tagarelava sem parar e reclamava incessantemente sobre o trânsito da cidade. Naquele rápido trajeto logo no início do dia, Antonio sentiu-se totalmente deprimido. Se a capacidade para incomodar os passageiros tivesse de ser premiada, aquele motorista certamente mereceria o primeiro lugar.

No final da viagem, o homem resmungou algo que poderia ser um "obrigado" pela gorjeta sem se dar conta do movimento forçado que fizera com a cabeça, como se esperasse que o jovem lhe desse uma gratificação à altura dos executivos da cidade.

Antonio se apressou a sair do veículo e bater a porta, depois de ouvir mais um conselho indesejado, e então seguiu em direção ao restaurante. Sua mãe o aguardava à porta com um sorriso especial. Imediatamente Antonio percebeu a "jogada". Era óbvio que sua mãe havia planejado tudo aquilo.

— Acho que terei de pagar dobrado para o Jaime. Esse é, sem dúvida, o pior motorista de táxi cujos serviços já utilizei.

— Obrigado, mamãe. Essa foi sem dúvida uma fabulosa experiência de vida real, no quesito "sofrimento", é claro. Acho que foi algum tipo de lição, certo?

Conforme os dois se sentaram à mesa que lhes fora indicada, ela respondeu:

— O impacto que um ser humano pode ter sobre outro é normalmente subestimado. Uma pessoa realmente negativa pode drenar completamente nossa energia. Você acabou de conviver por alguns minutos com a pessoa mais negativa com a qual já estive. Aquele homem se dedica exclusivamente à sua negatividade. Há duas lições embutidas nessa experiência: a primeira, e mais óbvia, é o impacto insidioso de um funcionário negativista dentro da empresa, independentemente do quão competente ele for; a segunda é que, como líderes, nosso impacto é ainda mais forte sobre as pessoas. Queremos estabelecer exemplos. Bem, você já decidiu com quem gostaria de passar algum tempo durante a última fase de seu rodízio?

— Sim! Quero passar as próximas duas semanas naquele táxi.

Antonio disse aquilo mantendo uma expressão séria enquanto sua mãe o observava. De repente, ela começou a rir e disse:

— *Touché!*

— Na verdade, mamãe, gostaria de transformar minhas tarefas aqui e da faculdade em uma só. Gostaria de trabalhar como seu assistente e segui-la em todos os seus compromissos, ajudando-a como puder e, principalmente, observando-a como alguém que é um modelo de como liderar por meio de bons exemplos. Quero que você seja minha mentora em liderança.

— Bem... eu... e se... quando...

— Apenas diga sim, mamãe.

— Está bem, meu filho. Fico honrada e muito feliz.

Depois disso, ambos passaram as duas semanas seguintes trabalhando juntos. Aquela seria uma experiência para a qual os dois olhariam como um ponto alto em suas vidas. Maria mostrou-se plenamente coerente com seu discurso e Antonio pôde compreender a razão pela qual sua mãe não obtinha apenas o respeito dos funcionários, mas também carinho.

Anotações de Antonio sobre liderança pelo exemplo

Um líder está sempre sendo observado por seus seguidores. Aqui estão algumas das questões que os funcionários fazem a respeito dos que ocupam cargos de liderança.

- Será que ele(a) está falando sério sobre isso?
- Será que ele(a) realmente se importa?
- Seria isso um capricho ou algo verdadeiramente importante?
- Será que ele(a) me respeita?
- Será que ele(a) ouve minhas ideias?
- Será que ele(a) nos diz toda a verdade?
- Será que ele(a) considera o que é melhor para os funcionários?
- O que exatamente estamos ajudando a construir com nossa energia?
- Como nossas ações fazem a diferença?
- Suas palavras são acompanhadas por ações consistentes?
- O que ele(a) pensa do desempenho de cada funcionário?
- Será que ele(a) realmente deseja saber quando algo não está funcionando?
- Será que ele(a) permanecerá aqui por um longo período ou está apenas de passagem?

Chave 7:
Plano de desenvolvimento do seu negócio

Acompanhamento de trabalho e discussões

1. Discuta o significado do termo "liderança" e do conceito "liderar pelo exemplo".
2. Liste as 5 principais características de um líder forte.
3. Qual você considera a melhor maneira de desenvolver líderes em seus negócios?
4. Discuta as áreas de seus negócios que poderiam ser aprimoradas com uma liderança mais adequada.
5. Discuta como você próprio poderia se tornar um líder melhor.

Perguntas sobre seu negócio

1. Prepare uma lista com as áreas do seu empreendimento que poderiam ser aprimoradas com uma liderança mais adequada.
2. Reúna-se com os líderes em sua empresa e discuta como eles podem melhorar em suas ações.
3. Qual será o verdadeiro efeito em seus negócios?
4. Estabeleça as prioridades e faça um cronograma que o ajude a atingir seus objetivos.
5. Comece pelo primeiro item da lista e então prossiga. Lembre-se: apresente coerência entre seu discurso e suas ações.

PARTE 3
Os passos finais

Às vezes, certos fatos ocorrem de modo inesperado e trazem consigo uma enorme carga emocional. São justamente esses episódios que serão lembrados por toda a vida.

Dois encontros: o esperado e o não esperado

A jornada de Antonio havia finalmente terminado. Restavam ainda duas semanas antes do início do novo ano letivo, mas o jovem estava ansioso para contar ao professor Oliveira sobre seu projeto e sobre seu plano; então, decidiu ligar para seu professor e marcar um encontro para o dia seguinte.

Antonio chegou ao escritório do professor às 8 horas da manhã, levando dois copos de café do Java Café. Ao se aproximar, ficou surpreso ao perceber que o professor Oliveira já estava conversando com outra pessoa. Ao ouvir as risadas, o jovem logo soube que se tratava da sempre irritante Marina. Antonio surpreendeu-se ao perceber que estava feliz com a novidade. Ele sentira falta de suas brincadeiras com a colega.

— Venha, Antonio. Já estamos terminando. Marina estava me contando sobre suas férias.

— Como está, Marina? Se eu soubesse que você era capaz de levantar assim tão cedo teria trazido mais um café.

— Gentileza sua, Antonio. Na verdade, foi conveniente marcar este encontro para logo depois de minha corrida matinal.

Antonio logo pensou: Acho que me saí mal desta vez. O professor Oliveira interferiu, dizendo:

— Bem, eu já tomei meu café da manhã, Antonio, então, por que não oferece meu copo a Marina?

Marina ostentou um simpático sorriso e agradeceu ao rapaz quando recebeu a bebida.

— Como você é amável, Antonio. Soube que esteve ocupado durante as férias. Pelo visto também não optou pelo B e resolveu fazer a tarefa.

— Sim, é verdade. E você, Marina?

— Você me conhece, Antonio. Adoro trabalhar duro. Aliás, eu o vi no Hotel Star Regency. Que lugar incrível, não é mesmo?

— É mesmo, lembro-me de tê-la visto, mas tinha um compromisso. Espero que não tenha pensado que fui mal-educado.

— Imagine. Reparei que estava ocupado demais para dar atenção a esta pobre garota — então, dirigindo-se ao professor, completou: — Bem, obrigada por seu tempo, professor Oliveira. Vou deixá-lo em paz agora. Vejo você por aí, Antonio. Mantenha contato.

— Claro, nos vemos por aí, Marina!

A jovem lhe deu um belo sorriso e saiu da sala levando consigo o copo de café. Por que será que ela sempre o fazia sentir-se tão constrangido?

— Bom dia, senhor Araújo. As férias estão quase terminando e logo estaremos de volta às aulas. Marina esteve ocupada com seu projeto. Ela decidiu fazer seu trabalho contatando o presidente de um canal de TV a cabo especializado no público feminino. E você, como tem se saído?

Antonio entregou ao professor seu cronograma das férias e, durante os quinze minutos seguintes, ele discorreu sobre todas as experiências que teve, dentro e fora da academia.

— Suas férias foram sensacionais, Antonio. Acredito que tenha aprendido mais sobre administração durante estas férias que em todas as aulas a que assistiu.

Antonio corou diante daquele fato e de suas implicações, mas contornou a situação dizendo que tudo era igualmente importante. O professor prosseguiu:

— Não precisa ficar sem graça por conta disso, rapaz. O mundo real é sempre o lugar onde o aprendizado mais importante e significativo ocorre. Espero apenas que tenha percebido em seu dia a dia muitas coisas sobre as quais discutimos em sala de aula quando teve a oportunidade de testemunhá-las pessoalmente.

Aquelas palavras fizeram com que Antonio pensasse por um momento: Será que eu teria realmente experimentado as mesmas sensações sem o aprendizado formal? Será que a estrutura universitária me ajudou a ver tudo com mais clareza?

Antonio imediatamente deixou aqueles pensamentos para mais tarde e decidiu compartilhar suas mais importantes observações com o professor.

As sete chaves: um ponto em comum

— Acho que existe um ponto em comum que une todas as minhas experiências. Acredito que... Bem, penso que todos os processos sejam como ciclos interligados. O sucesso de um empreendimento gira em torno do fechamento de cada um desses ciclos. Em uma sequência correta, é claro.

— Como? — nesse momento, o professor inclinou a cabeça como se tentasse escutar melhor o que lhe havia sido dito, uma atitude que costumava adotar quando um aluno falava em voz baixa em sala.

— Ciclos. Costuma-se dizer que é preciso "fechar os ciclos". O sucesso se constrói em cada um desses ciclos. Em última análise, o ciclo é, portanto, o elemento fundamental para o sucesso de um empreendimento. É importante fechar cada um deles, professor. Todas as pessoas com as quais conversei disseram exatamente a mesma coisa, cada uma a seu modo. Eram todos profissionais dinâmicos que conseguiam que as tarefas fossem realizadas. Eles realmente executavam suas funções e encerravam cada ciclo do processo! Cada um dos indivíduos que encontrei foi selecionado por causa do respeito que meu pai tinha por eles. Todos formam um grupo impressionante de administradores. Fiquei fascinado com suas opiniões e percepções sobre as práticas mais importantes de seus negócios. Embora suas histórias fossem imprescindíveis, concentrei-me em observar um princípio que norteava as ações de todos eles: encontrar o melhor modo de fazer com que tudo acontecesse, encerrando cada etapa do processo. A razão para que todos tenham obtido sucesso é o fato de cada um deles saber exatamente o que é importante em seu empreendimento e, desse modo, saber fazer com que tudo aconteça.

Antonio fez um gesto com as mãos demonstrando um ciclo e continuou:

— Ciclos. É preciso fechar o ciclo na mente dos clientes. É fundamental que todos os sistemas e métodos tenham um fechamento apropriado. Sei que lhe parece estranho. Toda essa conversa de ciclos pode lhe soar idiota. Superficialmente parece até simples, mas, às vezes, os detalhes mais singelos são negligenciados.

O professor Oliveira sorriu:

— Parece que você está mesmo entusiasmado com essa ideia de ciclos, não é?

— Sinto-me bastante estimulado! E é sobre isso que gostaria de escrever minha tese.

— Sobre o fechamento de ciclos?

— Não exatamente. Gostaria de ter a oportunidade de fechar um ciclo em especial, pois isso me ajudará a compartilhar essa ideia com os outros.

— Bem, parece-me que uma tese sobre este tema é uma escolha lógica depois de tudo o que me disse. Contudo, não estou certo de ter entendido o que acaba de sugerir.

— Este é o problema, senhor.

O professor franziu o cenho.

— Como assim? O que quer dizer?

— Gostaria que minha tese pudesse ser apresentada em um formato específico.

— Em um formato específico. E como seria este formato?

— Como o senhor já sabe, considerando o fato de ter sido o primeiro facilitador do Grupo de Princípios Básicos (GPB), meus pais se beneficiaram bastante com a oportunidade de participar dessas reuniões. Minha mãe chegou, inclusive, a montar seu próprio grupo de discussão dentro da empresa. A ideia simples por trás disso é que os integrantes do grupo possam aumentar suas chances de sucesso nos negócios ao se encontrar com colegas e discutir seus desafios. De certo modo, eles se ajudam mutuamente e fecham ciclos importantes, e todos se divertem fazendo isso.

— De fato eu estive envolvido no processo logo no início; eles ainda me convidam de vez em quando, sempre que consideram que o assunto possa ser de meu interesse ou acham que posso contribuir de algum modo. Parece que expandiram o conceito e incluem agora o desenvolvimento pessoal. Na verdade, o compromisso do GPB de buscar continuamente o desenvolvimento de seus integrantes por meio do aprendizado fez com que eu imaginasse a possibilidade de organizar algo similar para os alunos de administração. Contudo, essa ideia me parece hercúlea diante do pouco tempo que tenho para fazer tudo o que espero como educador.

— Bem, então eu acho que lhe trago boas notícias — disse Antonio. — É exatamente isso o que pretendo fazer. Quero organizar um grupo de estudo de ciclos para os alunos do penúltimo e último ano do curso de administração. Acredito que possamos encontrar em nossa cidade importantes líderes empreendedores que concordem que os alunos estudem suas empresas e, desse modo, poderíamos trabalhar com situações reais. Gostaria que todos os alunos dos últimos anos tivessem a oportunidade de ver como tudo acontece no mundo dos negócios e, ao mesmo tempo, aprender uns com os outros.

— Parece, afinal, que meus sonhos se tornarão realidade — disse o professor Oliveira, completando: — Estou bastante interessado nessa ideia.

— Tenho certeza de que poderei colocá-la em prática, professor.

— Então, deixe-me entender: está sugerindo que eu permita que você inicie um "clube" em vez de escrever seu trabalho?

— Acha uma ideia estúpida?

— Incomum, sem dúvida. Estúpida? De modo algum. Considero-a uma ótima ideia. Aliás, gostaria de ir um pouco além. Acho que poderíamos estender esse nosso acordo a outra pessoa se estiver pensando em recrutar alguém para ajudá-lo. Será uma tarefa gigantesca. Estive conversando com alguém esta manhã que poderia se interessar por este projeto.

Antonio sorriu, dizendo:

— De fato, ela tem muita energia.

— Talvez eu possa ser o "conselheiro" do clube, o que acha?

— Agora este ciclo está definitivamente fechado! – proclamou Antonio.

— Há uma questão que precisamos discutir.

— Claro.

— Já que você não entregará um trabalho escrito, será necessário que passe por um exame final oral.

— Um exame final oral?

— Você vai começar a repetir minhas palavras novamente?

— O que é um exame oral?

— É a chance de um aluno defender uma ideia verbalmente diante de um comitê convocado para este propósito. Você se reúne com esse grupo durante uma sessão de uma ou duas horas e discorre sobre o tema escolhido. Eles lhe farão várias perguntas sobre o assunto. No seu caso, o título da tese poderia ser: "O fechamento de ciclos é fundamental para o sucesso dos negócios". Você não entregará um trabalho escrito; portanto, quero ouvi-lo defender suas ideias sobre esses ciclos.

— E quando isso ocorreria?

— Na metade do ano letivo, provavelmente em junho.

— E quem faria parte do comitê?

— A criação do comitê será de minha responsabilidade, mas acho que faria sentido utilizar os líderes que se dispuseram a ajudá-lo durantes as férias.

— Parece um pouco assustador, mas todos os que me ajudaram foram os que geraram essa ideia. Portanto, acho que este é um bom negócio para mim.

— Cuidarei de tudo. Agora, comece a trabalhar neste grupo de estudo de ciclos.

Depois que Antonio deixou seu escritório, o professor Oliveira permaneceu em silêncio por alguns instantes, pensando: Finalmente, meu sonho se tornará realidade, e graças ao pai desse rapaz. Gostaria que ele estivesse aqui para testemunhar tudo isso. Talvez ele esteja, afinal.

Antonio deixou o escritório do professor Oliveira bastante animado e, ao mesmo tempo, preocupado. O exame final oral o pegou desprevenido. Não seria algo impossível de realizar, mas certamente o rapaz precisaria de toda a ajuda que pudesse encontrar. Resolveu parar em um estacionamento e ligar para Marina. Depois que recebeu o convite, a jovem se mostrou um pouco difícil, mas foi possível perceber que estava interessada desde o início da conversa. Antonio, inclusive, teve a sensação de que ela já aguardava sua ligação. Finalmente, depois de tripudiar um pouco com o rapaz, Marina resolveu falar sério:

— Essa é uma ideia fantástica, Antonio. Demonstra que você é um rapaz legal. Adoraria ser sua parceira nesse projeto. Quando podemos nos encontrar para discutir nossa estratégia? Estou livre esta tarde. Que tal às 2 horas no Java Café próximo ao campus?

Antonio não atentou para o uso da palavra "parceira" e, já que também queria começar imediatamente, também não percebeu que sua colega já estava agindo como uma "parceira". A partir dali, ele teria toda a vida para aprender as sutilezas na comunicação entre os sexos.

O último ano: Empreendedorismo

Antonio já havia cumprido metade do primeiro semestre de seu último ano. Ele e Marina trabalharam arduamente para tirar o grupo de estudo de ciclos do papel. O projeto reunia 12 participantes, e cada um deles contava com uma empresa patrocinadora. Outros cinco candidatos aguardavam por um patrocinador. Tudo corria bem.

O professor Oliveira solicitara a Antonio e Marina que mantivessem todos os envolvidos, alunos, membros da faculdade e patrocinadores, informados sobre o progresso. O interesse foi tão grande que foi necessário que a equipe ocupasse a sala de conferências. Vários empresários participavam e, então, podiam determinar se queriam ou não apoiar um aluno.

Oliveira fez algumas observações na abertura da sessão e então continuou:

— Vocês não podem imaginar quão orgulhoso me sinto em relação a este grupo de jovens. Isso é simplesmente fantástico para sua educação, a faculdade e toda a comunidade. Agora quero que Antonio Araújo nos fale sobre o grupo de estudo de ciclos.

Antonio imediatamente iniciou sua explanação descrevendo o que havia feito durante as férias e a razão pela qual havia escolhido estudar seu próprio pai. Ele explicou o modo como sua mãe o ajudou a selecionar um grupo de empresários que haviam mantido relacionamento profissional com seu pai. O jovem rapidamente resumiu sua jornada de descobertas e expressou seu fascínio pelo conceito de ajuda mútua entre empresários, esclarecendo como concluiu que todo aquele processo seria útil aos alunos da faculdade.

Naquele momento, o rapaz preferiu não mencionar o conceito de ciclos, pois considerou que poderia parecer confuso. Finalmente, resumiu:

— Este período de férias me ofereceu enorme aprendizado e me permitiu conhecer profundamente meu próprio pai como um homem de negócios. Eu já sabia quão fantástico ele era como pai, mas descobri que profissionalmente era um homem extremamente respeitado — naquele momento, ele fez uma pausa e olhou para baixo. Ao levantar a cabeça, seus olhos brilhavam. Continuou: — Meu pai costumava falar sobre a importância dos relacionamentos. Hoje entendo o que ele queria dizer. Na verdade, ele se referia a muito mais que simplesmente manter relações comerciais. Ele gostava de ajudar as pessoas a atingir seus objetivos. Sentia-se feliz em estender a mão. Adorava a possibilidade de fazer a diferença na vida de alguém. De modo humilde, gostaria de contribuir para tudo aquilo que ele construiu. Quero ser como ele. Isso está intimamente relacionado ao meu desejo de criar este grupo de estudo de ciclos para os alunos. Contudo, não trabalhei nisso sozinho. Seria negligente se não mencionasse o fabuloso trabalho de minha parceira. Marina Wang, sua energia e inteligência foram fundamentais para a realização deste projeto. Gostaria de dizer algo?

Marina não falou muito, e, quando se sentou, os aplausos foram entusiásticos. Quando o silêncio se restabeleceu, o professor Oliveira retornou à frente do salão.

— Obrigado, Antonio, e ótimo trabalho, Marina. Agora, teremos uma pequena tarefa a completar. Antonio e Marina essencialmente terminaram o projeto de conclusão do curso e gostaria de encerrar esta jornada avaliando o desempenho de ambos. Já lecionei para inúmeros alunos ao longo de minha carreira, mas consigo me lembrar apenas de alguns poucos jovens que retribuíram algo a esta universidade antes de deixá-la. Este é o conceito de liderar pelo exemplo. Excelente trabalho, Antonio. Grande colaboração, Marina. Vocês completaram esta parte de seu projeto de conclusão com louvor.

O exame final

Antonio chegou ao centro de conferências localizado no grêmio estudantil e sentou-se à cadeira do lado de fora do salão. Estava apreensivo.

Marina foi a primeira a ser ouvida e ele imaginava que ela já tivesse terminado àquela altura e que tivesse se saído bem.

— Sua vez de entrar no "moedor de carne", parceiro.

Ele olhou para a jovem que estava parada ao lado da porta e percebeu uma fisionomia mais séria que o normal.

— Foi tão ruim assim, Marina? — perguntou.

— Não posso lhe dar qualquer informação, pois nossos exames são similares. O comitê fez uma pausa para um lanche e disse que dará início ao seu exame em cerca de dez minutos. Já que não posso comentar nada, é melhor eu ir embora.

Antonio viu sua parceira indo embora e novamente se viu sozinho com seu nervosismo. Ele se tornava cada vez mais intenso conforme imaginava tudo o que podia sair errado. Alguns dos participantes do comitê saíram para usar o toalete, mas nenhum se dirigiu a ele. Apenas acenavam com a cabeça. Seus semblantes pareciam sombrios. Antonio sentia-se cada vez mais agitado e pensava: Vamos terminar logo com isso!

Finalmente, o professor Oliveira saiu e o chamou. Havia uma enorme mesa oval dentro do salão e uma cadeira vazia em uma das extremidades. Antonio conhecia todos os presentes, mas o professor fez questão de apresentar um por um. Então, voltou-se para o jovem:

— Antonio, você poderia descrever sua tese para este comitê?

Antonio respirou profundamente, levantou e começou sua exposição:

— Durante meus estudos nas férias do ano passado, observei algo sobre meu pai como empreendedor que me pareceu bastante significativo. E, já que vocês todos foram parte desse processo, creio que cada um reconhecerá o ingrediente fornecido. Grande parte do sucesso que vocês atingiram parece ocorrer em função do modo como executam seus planos, fechando cada um dos ciclos. Deixe-me explicar melhor.

Conforme Antonio discorria sobre sua teoria, todos os participantes pareciam um pouco frios em relação à exposição. Havia pouca reação e ninguém sorria. Antonio se percebeu cada vez mais ansioso e falando cada vez mais rápido. Ele terminou rapidamente e então se sentou. O professor Oliveira então se levantou e solicitou aos participantes que fizessem as perguntas que julgassem necessárias antes de determinar se aquela tese deveria ou não ser aprovada.

Wagner Bianchi levantou-se e perguntou:

— Essa não seria uma ideia um tanto simplista para ser considerada pela universidade? — e sentou-se novamente.

Antonio sentiu um frio na espinha e pensou: Certamente isso não será uma tarefa tão fácil quanto eu esperava.

— Certamente ela é bastante simples, mas não pode, de modo algum, ser considerada trivial. Eu diria que é o tipo de simplicidade que encontramos do outro lado da complexidade. É preciso que se alcance esse conhecimento com experiência, mas, quando finalmente atingimos esse nível, tudo parece se encaixar e temos uma sensação de saber que é verdade.

Ao dizer tais palavras, o próprio Antonio não sabia exatamente de onde elas haviam surgido. Talvez uma conversa durante o jantar, há muito tempo. Ele continuou sua explanação até considerar que havia terminado.

— Obrigado, isso responde plenamente minha pergunta.

Outra pergunta veio em seguida:

— Este seria um trabalho seu ou de seu pai?

— Diria que de ambos. Minha tarefa era estudar um verdadeiro líder, e escolhi meu pai. Nesse sentido, é o trabalho dele — Antonio sorriu e continuou. — Contudo, não foi fácil descobrir o que o tornou um homem bem-sucedido.

Antonio esperou muito pela próxima pergunta. Finalmente, depois de uma longa e desconfortável pausa, o professor Oliveira se desculpou, dizendo.

— Acho que o comitê está pronto para apresentar sua decisão. Antonio, você poderia se retirar e aguardar do lado de fora enquanto tratamos das formalidades? Depois disso, você será novamente convocado para ser informado quanto à nossa decisão.

Antonio deixou o salão e fechou a porta. Marina o aguardava:

— Pensei em lhe oferecer algum apoio emocional. Esta é sem dúvida uma experiência bastante intensa. Ah, vi sua mãe no andar de baixo.

— Obrigada, Marina. Acho que não fui bem. Enquanto descrevia minhas descobertas, não vislumbrei qualquer sinal de apoio para minha tese. Foi um completo desastre. E eles somente fizeram duas perguntas! Naquele momento, Antonio olhou para o salão e viu que sua mãe se aproximava. Ele se levantou e a abraçou, dizendo:

— Mamãe, o que está fazendo aqui? Eu estraguei tudo.

Antes que Maria pudesse dizer qualquer palavra, a porta se abriu e a atmosfera sombria da sala dera lugar a um clima bem mais amistoso e festivo. O comitê estava de pé e formava uma linha próxima à porta. Conforme Antonio passava pelos membros, sentia-se cada vez menos em um "corredor polonês"* e mais como se estivesse caminhando para uma celebração. Cada participante apertou sua mão e disse algo como: Bom trabalho, rapaz!

O professor Oliveira era o último da fila. Quando Antonio chegou até lá, perguntou:

— Isso significa que eu passei?

— Sem dúvida! Na verdade, essa decisão já havia sido tomada há algum tempo. Na verdade, tudo isso não passa de um "trote" inofensivo.

O professor riu enquanto Antonio o olhava descrente diante do que havia acabado de ouvir.

— Um trote inofensivo; honestamente, eu chamaria isso de tortura. Trote é o que acontece quando alguém entra em uma fraternidade ou união estudantil, mas isso foi tortura.

— Tem certeza disso, Antonio? — então o professor olhou ao redor e disse: — Silêncio, por favor! Antonio e Marina, em

---

* Expressão que designa duas fileiras de indivíduos formando uma espécie de corredor a ser percorrido por uma pessoa; ao longo do trajeto, o passante (ou vítima) poderá ser castigado e insultado. (N.T.)

nome desse comitê, gostaria de parabenizá-los pelo trabalho. Antonio, gostaria ainda de presenteá-lo com duas coisas de que acho que irá gostar. Em primeiro lugar, o manuscrito.

Antonio olhou para o material que lhe estava sendo entregue e o que ele viu fez com que ficasse completamente arrepiado.

Relacionamentos e ciclos
Antonio Araújo

— Você não é o primeiro Araújo a descobrir o conceito de ciclos. Este foi um trabalho escrito por seu pai. Ele descreve suas ideias sobre como fazer com que tudo aconteça nos negócios. Ele preparou como um material extra que seria distribuído aos meus alunos durante uma palestra que pedi a ele que preparasse e ministrasse. Na época, ele explicou que a ideia havia surgido de uma conversa que tivera com outros empresários bem-sucedidos da cidade. Aqueles indivíduos consideravam que fazer tudo acontecer era fundamental em seus empreendimentos. Com o passar do tempo, seu pai começou a se referir a esse processo como o "fechamento de ciclos". Portanto, esse conceito que você descobriu foi, de certo modo, instituído pelo seu pai.

O professor percebeu que Antonio estava tendo dificuldades em digerir a ideia e pausou por um instante, colocou a mão em seu ombro e disse em voz baixa:

— Seu pai estaria muito orgulhoso de você.

O rapaz não tentou segurar as lágrimas, pelo contrário, ergueu a cabeça e sorriu:

— Acho que ele ficaria orgulhoso.

O professor então continuou:

— Seu pai mandou fazer pequenos anéis dourados e, ao longo dos anos, os distribuiu entre aqueles que pareciam conseguir fazer tudo acontecer. As pessoas que receberam este presente nunca se encontraram, mas todos sabiam quem fazia parte do grupo, que, com o tempo, passou a ser denominado "sociedade dos ciclos". Todos nesse comitê são indivíduos com os quais teve a oportunidade de conversar, e cada um deles possui um desses anéis.

Sociedade dos ciclos

— Trata-se de uma sociedade cujos membros podem ser identificados pelo sucesso nos negócios e pelo que carregam em suas carteiras — então o professor abriu a própria carteira e retirou um anel dourado. — Este anel me foi dado pelo seu pai e eu o carrego como um lembrete do quão importante é terminar o que começamos e unir sonhos e atitudes. Também o mantenho sempre próximo para jamais me esquecer dos bons tempos ao lado do meu grande amigo.

Oliveira enfiou a mão no bolso e retirou de lá um anel igual.

— Este é o seu, Antonio. Ele pertencia ao seu pai, como pode ver na inscrição. Não tenho dúvidas de que ele gostaria que você o recebesse e, mais que isso, que o consideraria merecedor de usá-lo. Você é agora um membro da "sociedade dos ciclos". Este anel e mais dois dólares lhe garantirão uma xícara de café no Java Café.

Dito isso, todos caíram na gargalhada.

— Nenhum de nós desejava olhar para essa sociedade secreta ou para nós mesmos como algo sério demais. Este anel carrega consigo a responsabilidade que era de seu pai. De agora em diante, é seu o trabalho de identificar e convidar novos membros para essa sociedade. Desde que seu pai faleceu, nenhum novo membro foi integrado. E, para o caso de você ter alguém em mente quando assumisse essa responsabilidade, eu já tenho em mãos aquilo de que você precisa.

Antonio percebeu uma pequena caixa embrulhada em papel dourado que estava sobre a mesa e imediatamente perguntou:

— Seria algo redondo e com a inscrição Marina Wang do lado interno?

— De fato, seria — o professor entregou a caixa a Antonio.

O jovem caminhou até Marina, que estava de pé ao lado de Maria Araújo, e disse:

— Marina, seu trabalho no grupo de estudo de ciclos tem sido inestimável; você definitivamente sabe como fazer com que tudo aconteça. Como meu primeiro ato oficial como responsável pela entrega dos anéis, gostaria que você recebesse este símbolo do seu ingresso nesta sociedade. Você aceita nosso convite?

— Sim, com certeza. Obrigada.

Depois de muitos abraços e apertos de mão e enquanto os membros do comitê conversavam e se serviam de fatias de um delicioso bolo em formato de anéis dourados, Maria pegou as mãos do filho e segurou o anel que ele havia recebido, dizendo:

— O ciclo está fechado, meu filho.

Então Maria foi até o outro lado da sala onde Marina estava engajada em uma conversa superanimada, sorriu e sussurrou no ouvido da jovem:

— O ciclo está aberto, querida.

GLOSSÁRIO

Ciclo aberto

Tarefa que ainda precisa ser realizada. Pode ser a delegação de uma atribuição em uma lista de afazeres ou até mesmo um trabalho a ser designado.

Ciclo fechado

Tarefa que foi completada. Uma confirmação de que uma informação foi devidamente transmitida. Ciclo que foi encerrado dentro do tempo previsto (também pode ser considerado responsabilidade e/ou ato de execução). Trata-se de uma tarefa feita de maneira correta e dentro do prazo determinado.

Ciclos em um processo

Tarefas que estão sendo desenvolvidas, mas ainda não estão finalizadas. Não existem grandes ciclos; portanto, quando visualizamos um ciclo que parece muito grande, estamos, de fato, olhando para vários ciclos menores interligados.

Cultura

Momentos de oportunidade são os blocos de construção de sua cultura. Cada um deles significa o fechamento de um ciclo. O modo como tais momentos de oportunidade são colocados em prática (adequado ou não) cria a cultura de nosso empreendimento.

Dentro do ciclo

Indivíduo que recebe a comunicação e, de posse dos fatos e informações disponíveis, está apto a acelerar processos.

Fora do ciclo

Alguém que não foi comunicado e não está apto a acelerar processos, pois não possui as informações necessárias.

Grupos de processos

Um grupo externo de processos é simplesmente um grupo de colegas que não competem uns com os outros e que desejam compartilhar ideias, conceitos e pensamentos que dizem respeito à empresa. Poderia servir também para descrever um grupo de empresários locais ou até mesmo de negócios similares de diferentes regiões. Um grupo interno é aquele de funcionários que se reúnem para planejar, resolver problemas, criar estratégias ou simplesmente discutir questões relacionadas à companhia.

Inovação

Uma abordagem estratégica para promover o crescimento do empreendimento e o aprimoramento do seu produto. É o modo como se planeja olhar para os processos de criação, manufatura, marketing e entrega do seu produto. Inovação significa mudança. O modo como este processo é gerenciado terá efeitos de curto e longo prazo sobre o sucesso de seu empreendimento.

Liderança

Inspirar outros a seguirem um curso de ação e perseguirem suas crenças em uma missão e em uma visão.

Liderar pelo exemplo

Este é o primeiro passo para a verdadeira liderança. O líder dever vivenciar a doutrina do empreendimento e sempre ser o "primeiro a agir". Como disse Stephen Covey, "é ser consistente em seu discurso e suas ações".

Margens de segurança

O ato de deixar margens de segurança nos permite estabelecer uma proteção ou um plano de contingência para o desconhecido e o inesperado. Margens de segurança devem ser consideradas em várias áreas, como: orçamento, prazo e até mesmo em questões pessoais, como a boa forma física. Quanto mais nos mantemos bem fisicamente, maiores são nossas margens de segurança em relação a problemas de saúde.

Mestre em fechamento de ciclos

Alguém que tenha demonstrado ao longo de um extenso período a habilidade de fechar ciclos de modo consistente e eficaz, o que significativamente afeta seu empreendimento, sua família e sua comunidade de maneira positiva. Um mestre em fechamento de ciclos pode inserir a designação de MFC depois de seu nome.

Momentos de oportunidade

Ações realizadas pelos funcionários no momento em que interagem com os clientes e percebem a necessidade. Estes momentos são a manifestação do compromisso básico com os objetivos da empresa, que guiam os empregados e os levam a aceitar responsabilidades pelo alcance desses objetivos. Em um mundo "perfeito", são um modo de traduzir a visão corporativa.

Plano B

Um plano alternativo que pode ser colocado em prática caso seu primeiro plano não funcione. O plano B deve preferencialmente ser criado antes de se tornar necessário, embora em alguns casos ele possa ser estabelecido ao longo do processo. Isso permitirá mais flexibilidade quando necessário.

Padronização de processos

Sistema predefinido pelo qual tarefas ou grupos de atribuições são finalizados. O objetivo é que os mesmos passos sempre sejam seguidos na mesma ordem. Isso é responsabilidade em ação!

Zonas de relacionamento

Locais em sua empresa onde existe maior possibilidade de contato com os clientes e troca de experiências entre funcionários e consumidores. Terão grande impacto sobre o modo como os usuários perceberão a empresa. A maneira como essas áreas são gerenciadas certamente afetará os clientes, de modo positivo ou negativo.

O MODELO DE CICLOGRAMA

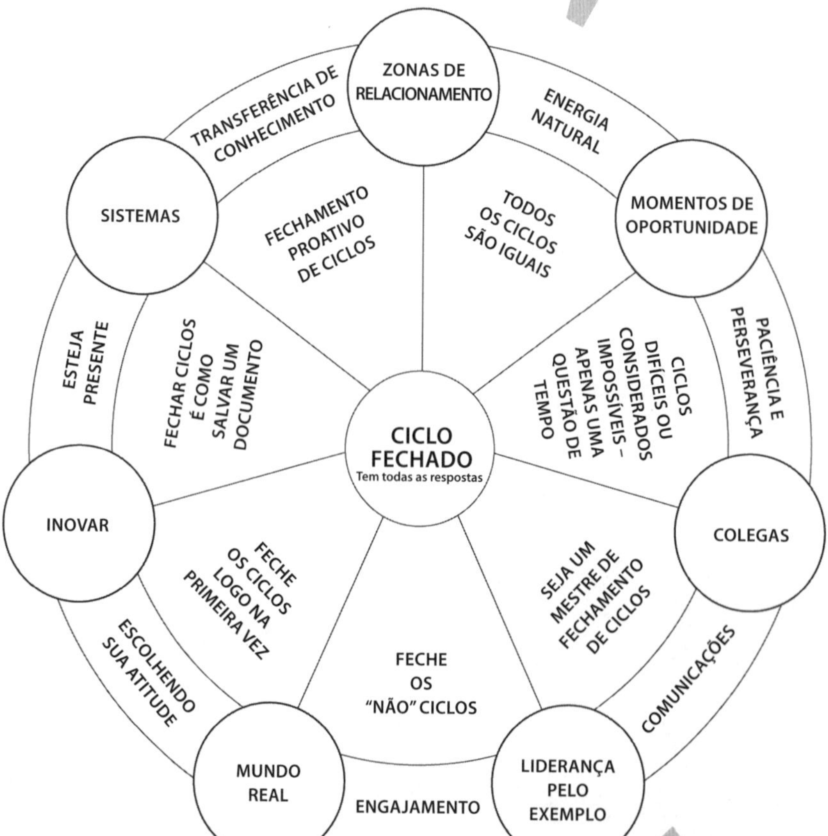

O FECHAMENTO DOS CICLOS

As 7 lições de Mary Chaet

Mary Chaet, MFC

Sempre me orgulhei de minha habilidade para fechar ciclos. Não percebia que as outras pessoas reparavam nisso, até que um dia meu marido, Mike, começou a trabalhar para que todos no escritório lessem uma importante obra intitulada *A guerra da arte: supere os bloqueios e vença suas batalhas interiores de criatividade*,* de Steven Pressfield. Depois que todos haviam lido o livro e eu nem sequer ter sido solicitada a fazê-lo; fiquei um pouco irritada e perguntei a razão a Mike. Ele então olhou para mim, sorriu e disse: Porque você poderia ter escrito este livro!

Tendo isso em mente, listo a seguir as sete mais importantes lições que alguém pode aprender sobre o fechamento de ciclos.

---

* Rio de Janeiro: Ediouro, 2005. (N.T.)

1. Não deixe para amanhã o que poderia ter feito ontem

Não importa se o seu lema é o provérbio "Deus ajuda quem cedo madruga" ou qualquer outro dessa natureza; o fato é que o fechamento de ciclos gera eficiência, e isso aumenta a produtividade. Quanto melhor você se tornar no fechamento de ciclos, mais produtivo será, assim como sua empresa. Quanto antes encerrar um ciclo, mais cedo estará pronto para iniciar outro. Além disso, em muitos aspectos, o ato de fechar um ciclo rapidamente ajudará seus colaboradores a se tornarem mais eficientes em seus processos de fechamento.

2. Todos os ciclos são iguais

Todos são fundamentais; portanto, não existe aquele que seja menos importante. O que marca o término de um projeto é o encerramento de todos os ciclos que o compõem. Jamais encare determinado ciclo como algo demasiadamente complexo para ser finalizado nem o considere pequeno demais e insignificante, pois todo um projeto pode depender justamente dele. Os grandes ciclos são apenas a junção de inúmeras pequenas fases interconectadas.

3. Aprenda a fechar o ciclo do "não"

Concentre-se em seus próprios ciclos. Aprenda a dizer "não" e não tente encerrar processos alheios, pois essa tarefa não lhe cabe. Invista seu tempo fechando seus próprios ciclos, pois isso garantirá que tudo seja feito adequadamente. Aprenda a identificar o momento de dizer "não" e delegue a outros a responsabilidade pelo encerramento de alguns ciclos.

4. Ciclos complicados levam tempo. Os considerados impossíveis demoram ainda mais para serem completados. "Impossível" é uma questão de opinião.

Alguns ciclos podem ser fechados rapidamente, outros levam dias, semanas, meses e até anos. Não existem, contudo, ciclos impraticáveis. O que é denominado "impossível" é apenas a opinião de alguém. Persevere até o ciclo considerado "irrealizável" ser devidamente encerrado.

5. Encerrar ciclos é como salvar um documento

Provavelmente o comando "salvar" é o mais importante de seu computador. O que pode ser mais irritante que investir uma quantidade enorme de tempo em determinado trabalho, esquecer de salvá-lo e perceber que o arquivo simplesmente desapareceu? Se aprender como encerrar cada processo corretamente no final de cada dia, perceberá grande avanço em tudo o que fizer. A sensação de ter fechado todas as pequenas fases faz com que nosso dia seja produtivo. Cada vez que finalizamos uma etapa do processo, damos mais um passo para a conclusão de um ciclo maior no dia seguinte. Um dos componentes mais importantes desse procedimento é a comunicação entre os envolvidos. A simples tarefa de informar aos participantes de cada encerramento acelera os processos em outros departamentos.

6. Feche seus ciclos em uma única vez

A prevenção é importantíssima. É preciso ser previdente em relação a frustrações, à realização de trabalhos desnecessários, às despesas ao refazer tarefas e à perda de tempo, energia e dinheiro. O fechamento de ciclos exige cuidados especiais com o tempo investido nessa fase, e, geralmente, quanto mais cedo terminá-la, melhor será para todos, principalmente para você.

Exemplo: você está organizando uma conferência e precisa agendar um hotel para as reuniões e a acomodação dos participantes. Por alguma razão, essa tarefa deixa de ser realizada, e, quando chega o momento de finalizar esses detalhes, todos os hotéis na região estão lotados. Agora, para completar a tarefa principal, restam-lhe apenas duas saídas: alterar as datas da conferência ou dividir os participantes e as atividades em dois hotéis. A necessidade de ter de utilizar dois estabelecimentos irá gerar todo tipo de complicações. Não teria sido mais adequado confirmar o hotel logo no início e evitar todos esses problemas em potencial?

7. Torne-se um mestre em fechamento de ciclos

Nem todos nascem mestres em fechamento de ciclos, mas isso não significa que não possa se tornar um profissional nessa área, especialmente se quiser. Quando aprender a encerrar ciclos, você se perceberá trabalhando sob menos estresse e com mais tempo livre. Você apreciará mais seu trabalho. Além disso, verá que outras pessoas também vão querer trabalhar ao seu lado, pois, quando disser que fará determinada tarefa, conseguirá cumprir o que estabeleceu. Torne-se um mestre em fechamento de ciclos e domine as outras seis lições sobre fechamento de ciclos.

NOTAS DOS AUTORES

1. As zonas de relacionamento são os locais em que ocorre maior contato com clientes. Steve escreveu extensivamente sobre este tópico, e muitos de seus pensamentos podem ser acessados no site www.topperformer.com.
2. Dados fornecidos pelo Instituto Gallup.
3. A primeira vez em que Steve utilizou este termo foi em seu livro *Fish! sticks: a remarkable way to adapt to changing times and keep your work fresh*, editado no Brasil com o título *Peixe! Vivo: atitude e inovação na onda das mudanças,* pela editora Campus, em 2003. Trata-se de uma referência aos blocos de construção de nossa vida, que criam oportunidades de ser percebidos na mente e no coração dos clientes e funcionários.
4. Estes são os doze princípios de valores pertencentes ao Ritz Carlton conforme apresentados no periódico Human Resources Management Singapore v. 6, n. 8, p. 27, 2006. O Ritz Carlton segue este princípio: "Senhores e senhoras de fino trato servindo uns aos outros."

Contato dos autores:

Website: www.loops4biz.com

E-mail: loopmaster@loops4biz.com

Este livro foi impresso
em papel *offset* 75g
pela Assahí Gráfica